詳説日本史（日B301）準拠

読み解く日本史
基本史料問題集

『読み解く日本史』編集委員会 編

山川出版社

まえがき

　史料は，人類の歩みを知るための貴重な財産です。歴史の学習では，史料に記されていることを読み解かなければなりませんが，難解な史料を読み解き，理解するのはたやすいことではありません。そこで，本書では教科書に掲載されている基本史料（『詳説日本史』に掲載されている史料をすべて取り上げました）を口語訳し，みなさんが理解しやすいように編集しました。本書を通じて，多くの史料を読み解き，歴史学習に活かしてください。

2014年10月

『読み解く日本史』編集委員会

本書の使い方

1. まず，史料の口語訳をじっくり読み，内容を理解しましょう。
2. 史料は，歴史の流れやその当時の政治や社会の動きと関連させることにより，深く理解できます。次の段階は，史料の背景とキーワードをじっくり読みましょう。この史料が歴史の流れとどのように関連するのか，当時の社会の動きとどう関連するのかなどを理解しましょう。
3. 次に，演習を通して知識を確認したり，史料の内容を読み取ったりしましょう。設問を解くためのヒントは，史料の本文中や史料の背景とキーワードにあります。
4. 次は，考察に挑戦します。問題文をじっくり読んで，問いのポイントをつかみます。できごとの原因や理由を問われているのか，できごとの影響を答えるよう求められているのか，他のできごととの関連について説明するよう求めているのかなど，まず問題文をよく理解しましょう。ポイントがつかめたら，口語訳，史料の背景とキーワードに加え，史料に関連する教科書の記述なども参考にしながら解答しましょう。
5. 仕上げに，史料を読んでみましょう。読み下し文などを口語訳と対応させながら，読み解きます。このとき，難解な語句を解説した（註）が役に立ちます。口語訳の理解をもとに，（註）を活用しながら史料を読み解けるようにしましょう。
6. 最後に，センター試験にチャレンジに挑戦します。大学入試センター試験で過去に出題された史料に関連する問題や，類似の創作問題です。この問題で，実践的な力をつけましょう。
7. 別冊の「解答・解説」には，問題の解答のほかに，史料の出典に関する解説（この史料の出典は？）や，教科書にみる解法へのヒントなどがあります。自学自習する上で有効に活用してください。

目　次

第Ⅰ部　古代

1　『漢書』地理志・『後漢書』東夷伝……………………………………4
2　「魏志」倭人伝……………………………………………………………6
3　倭王武の上表文・稲荷山古墳出土鉄剣銘文…………………………8
4　憲法十七条………………………………………………………………10
5　遣隋使の派遣……………………………………………………………12
6　大化改新の詔……………………………………………………………14
7　木簡………………………………………………………………………16
8　国分寺建立の詔…………………………………………………………18
9　大仏造立の詔……………………………………………………………20
10　三世一身法・墾田永年私財法…………………………………………22
11　浮浪・逃亡の続出………………………………………………………24
12　農民の苦しみ──貧窮問答歌…………………………………………26
13　藤原氏の栄華……………………………………………………………28
14　『往生要集』の序文・極楽歌…………………………………………30
15　国司の暴政──尾張国郡司百姓等解…………………………………32
16　荘園の寄進………………………………………………………………34

第Ⅱ部　中世

17　記録荘園券契所の設置…………………………………………………36
18　院政の開始………………………………………………………………38
19　平氏の繁栄………………………………………………………………40
20　御成敗式目………………………………………………………………42
21　式目制定の趣旨──北条泰時書状……………………………………44
22　紀伊国阿氐河荘民の訴状………………………………………………46
23　永仁の徳政令……………………………………………………………48
24　悪人正機──『歎異抄』………………………………………………50
25　二条河原落書……………………………………………………………52
26　半済令……………………………………………………………………54
27　惣掟………………………………………………………………………56
28　正長の徳政一揆…………………………………………………………58
29　山城の国一揆……………………………………………………………60
30　加賀の一向一揆…………………………………………………………62
31　家法・分国法……………………………………………………………64
32　自由都市堺について──ガスパル＝ヴィレラ書簡…………………66

第Ⅲ部　近世

33　楽市令……………………………………………………………………68
34　太閤検地…………………………………………………………………70

- 35 刀狩令……………………………………72
- 36 バテレン追放令…………………………74
- 37 武家諸法度(元和令)……………………76
- 38 武家諸法度(寛永令)……………………78
- 39 禁中並公家諸法度………………………80
- 40 寛永十二年禁令・寛永十六年禁令……82
- 41 寛永十九年の農村法令・田畑永代売買の禁止令……84
- 42 武家諸法度(天和令)……………………86
- 43 上げ米の令………………………………88
- 44 身分社会への批判………………………90
- 45 川柳──『誹風柳多留』………………92
- 46 海防論……………………………………94
- 47 寛政の改革への風刺……………………96
- 48 異国船打払令(無二念打払令)…………98
- 49 人返しの法………………………………100
- 50 株仲間の解散……………………………102
- 51 貿易論……………………………………104

第Ⅳ部　近代・現代

- 52 オランダ国王の開国勧告………………106
- 53 日米修好通商条約………………………108
- 54 王政復古の大号令………………………110
- 55 五箇条の誓文……………………………112
- 56 徴兵告諭…………………………………114
- 57 学事奨励に関する太政官布告──被仰出書……116
- 58 民撰議院設立の建白……………………118
- 59 保安条例…………………………………120
- 60 大日本帝国憲法…………………………122
- 61 民法………………………………………124
- 62 福沢諭吉の「脱亜論」…………………126
- 63 第三次桂内閣初閣議での桂の発言……128
- 64 二十一カ条の要求………………………130
- 65 民本主義…………………………………132
- 66 治安維持法………………………………134
- 67 国家総動員法……………………………136
- 68 ポツダム宣言……………………………138
- 69 日本国憲法………………………………140
- 70 サンフランシスコ平和条約……………142
- 71 日米相互協力及び安全保障条約………144
- 72 日韓基本条約……………………………146
- 73 日中共同声明……………………………148

1 『漢書』地理志・『後漢書』東夷伝

『詳説日本史』p.21

史料 A
『漢書』地理志

> **口語訳**
> （紀元前1世紀頃に）楽浪郡から海を越えたところに，倭人が住んでいる。そこは，百余りの小国に分かれている。（倭人は）定期的に楽浪郡に貢ぎ物を持ってやって来ているという。

> 夫れ楽浪❶海中に倭人❷有り，分れて百余国と為る。歳時を以て来り献見すと云ふ。
> ❶漢の武帝により朝鮮半島に設けられた四郡のうちの一つ。❷唐以前に中国人がつけた日本列島に住む人の呼称。

史料 B
『後漢書』東夷伝

> **口語訳**
> 建武中元二(57)年，倭の奴国の使者が，貢ぎ物を持参して後漢の光武帝のもとに挨拶に来た。使者は大夫と自分から名乗った。（奴国は）倭国の一番南の地にある。光武帝は倭の奴国の王に，印章と組紐を賜わった。安帝の永初元(107)年，倭国王の帥升たちが奴隷百六十人を献上して，皇帝への謁見を願ってきた。桓帝から霊帝の頃(147～189年)に，<u>倭国の国内は混乱し，各国が互いに攻撃をして</u>，何年もの間，国王がいなかった。

> 建武中元二年，倭の奴国❸，貢を奉じて朝賀す。使人自ら大夫❹と称す。倭国の極南界なり。光武❺，賜ふに印綬を以てす。安帝の永初元年，倭の国王帥(師)升等，生口❻百六十人を献じ，請見を願ふ。桓霊の間❼，<u>倭国大いに乱れ，更相攻伐して歴年主なし</u>。
> ❸福岡県博多地方にあった小国。❹大臣。❺後漢の初代皇帝光武帝（位25～57）。❻奴隷。❼後漢の桓帝と霊帝の間。

❀ 史料の背景とキーワード ❀

縄文時代の終わりごろ，大陸から北部九州にもたらされた**水稲農耕**により，西日本では**弥生文化**が成立した。水稲農耕は東日本にも広まった。やがて「ムラ」が統合され，強力なリーダーを中心とした政治的なまとまりである「クニ」が北部九州などに分立した。これらの「クニ」は，中国から倭と呼ばれ，先進的な文物を求めて，大陸との交流を積極的に図った。**『漢書』地理志**には倭に小国が分立する様子が記され，**『後漢書』東夷伝**には**奴国**が後漢の光武帝に使いを送り**金印**を賜ったことや2世紀の倭の様子に関する記述がみられる。

演習
問1　史料Aの楽浪郡を設置した前漢の皇帝を答えなさい。

問2　史料Bの下線部の内容を裏づけると考えられている考古学上の事実を答えなさい。

考察
問　倭人たちが，海を渡ってまでも，中国との交流を図ったのはなぜか説明しなさい。

センター試験にチャレンジ

問　弥生時代の社会に関して述べた文として正しいものを，次の①～④のうちから一つ選べ。
① 『後漢書』東夷伝は，当時の争乱の状況を「倭国大いに乱れ，更相攻伐して歴年主なし」と記している。
② 『魏志』倭人伝は，邪馬台国が，朝鮮半島南部の高句麗と交戦したことを記している。
③ 男性の兵士をかたどった土偶を製作し，アニミズムにもとづく呪術によって，集落の戦勝を祈願した。
④ 見はらしのよい丘陵や山頂に，戦争に備えるための朝鮮式山城が築かれた。

(2009・B本試)

2 「魏志」倭人伝

第Ⅰ部　古代

『詳説日本史』p.22

史料
「魏志」倭人伝

口語訳

倭人は，（朝鮮の）帯方（郡）の東南の大海の中に位置している。山の多い島の中にクニやムラがある。もとは百余国もあった。漢のときに交流を求めてきたクニがあった。今，魏との交流があるクニは，30カ国である。（帯方）郡から倭に行くには，海岸づたいに船で行き，……邪馬台国に着く。そのクニは，女王が都としているところである。男子は，おとなも，こどもも，みな顔や体に入れ墨をしている。……租税や貢ぎ物を保管する倉庫がある。クニグニには，市がある。お互いに必要な品を交換し，大倭という役人がこれを監督している。女王国より北には，特に一大率（一人の身分の高い統率者）をおいて，諸国を監督させている。諸国はこれを畏れはばかっている。……下戸（身分の低い人）が，大人（身分の高い人）と道路で出会えば，ためらいながら草むらへ入り，話をする場合は，うずくまったり，ひざまずいたりして，平伏する。……その国では，以前は男子を王としていた。7〜80年前に倭国は乱れ，戦いが続いた。そこで，共同で一人の女子を王に立てた。この女王の名は，卑弥呼という。鬼道（呪術）をおこない，人々を信頼させた。すでに相当な年齢に達していたが，夫はいない。弟がいて，まつりごとを補佐していた。……景初2年6月，卑弥呼は，大夫の難升米等を使節として派遣し（帯方）郡に着いて，魏の天子に貢ぎ物を捧げ挨拶したいと伝えた。……その年の12月，皇帝は命令を発して，倭の女王に，「……今，あなたを親魏倭王とし，金印と紫の組紐を授けたいと思うので，袋に入れて封印して帯方郡の太守に託して授けました。……」と告げた。……卑弥呼が死んだ。大きい墳丘をつくった。長さは，百余歩で，殉死した奴隷は百人ほどであった。あらためて男王を立てたが，国中は不服であったので，争いが起こり当時千余人が殺された。そこで（倭人たちは）また卑弥呼の一族の娘の13歳になる壹与を，王として立てたので国中はやっと争いがおさまった。

倭人は帯方の東南大海の中に在り，山島に依りて国邑を為す。旧百余国，漢の時朝見する者あり。今使訳通ずる所三十国。郡より倭に至るには，海岸に循ひて水行し，……邪馬壹❶国に至る。女王の都する所なり。……男子は大小と無く，皆黥面文身す。……租賦を収むに邸閣有り。国々に市有り。有無を交易し，大倭をして之を監せしむ。女王国より以北には，特に一大率を置き，諸国を検察せしむ。諸国之を畏憚す。……下戸❷，大人❸と道路に相逢へば，逡巡して草に入り，辞を伝へ事を説くには，或は蹲り或は跪き，両手は地に拠り之が恭敬を為す。……其の国，本亦男子を以て王と為す。住まること七，八十年。倭国乱れ，相攻伐して年を歴たり。乃ち共に一女子を立てて王と為す。名を卑弥呼と曰ふ。鬼道を事とし，能く衆を惑はす。年已に長大なるも，夫壻無し。男弟有り，佐けて国を治む。……景初二年❹六月，倭の女王，大夫難升米等を遣し郡に詣り，天子に詣りて朝献せんことを求む。……その年十二月，詔書して倭の女王に報じて曰く「……今汝を以て親魏倭王と為し，金印紫綬を仮し，装封して帯方の太守に付し仮授せしむ。……」と。……卑弥呼以て死す。大いに冢を作る。径百余歩，徇葬する者，奴婢百余人。更に男王を立てしも，国中服せず，更々相誅殺し，当時千余人を殺す。復た卑弥呼の宗女壹与❺の年十三なるを立てて王と為す。国中遂に定まる。

❶壹(壱)は臺(台)の誤りか。❷身分の低い人。❸身分の高い人。❹景初三年(239)の誤り。❺「臺与」の誤りであるとも考えられている。

❖ 史料の背景とキーワード ❖

　2世紀の後半の倭国では小国が争う状況となり，この争乱を収拾したのが小国が共同で擁立した**邪馬台国**の女王**卑弥呼**である。卑弥呼は，239年に魏の皇帝に使節を派遣して，「**親魏倭王**」の称号と金印，多数の銅鏡を手に入れた。邪馬台国は30カ国ほどを従え，大倭や一大率などの役人を派遣して支配した。また租税制度や身分制度があったことも推測され，**鬼道(呪術)** によって支配する卑弥呼のもとで，国家的諸制度の萌芽が形成されつつあったと考えられている。

演習

問1 邪馬台国の人々の身分の違いについて記している文章を，口語訳史料から抜き出しなさい。

問2 卑弥呼はどのような女王であったのか，口語訳史料中の言葉を用いて説明しなさい。

考察

問 邪馬台国の所在地として北九州説と近畿説が対立している。北九州説と近畿説のそれぞれに立った場合に，邪馬台国と4世紀に西日本を統一したヤマト政権との関係についてどのような違いがあるのか説明しなさい。

✳✳✳✳✳✳✳✳✳✳ センター試験にチャレンジ ✳✳✳✳✳✳✳✳✳✳

▼次の文を読み，下の問いに答えよ。

　『魏志』倭人伝によれば，2世紀後半以降，倭は大いに乱れたが，3世紀に入り，30ほどの小国が邪馬台国の卑弥呼を共同で女王に立てることで，乱はおさまったという。卑弥呼の死後，倭は再び乱れ，これをおさめるために，一族の壱与（台与）が女王となる。その後，266年，晋に使者が派遣されたという記事を最後に，それから約150年の間，倭は中国の史書から姿を消す。

問 下線部に関して述べた文として誤っているものを，次の①～④のうちから一つ選べ。
① 卑弥呼は呪術を用い，宗教的権威によって政治を行った。
② 卑弥呼の政治は，「男弟」によって補佐されていた。
③ 邪馬台国では，身分は王族と大人に二分されていた。
④ 邪馬台国では，租税の制度があった。

(2004・B追試)

3　倭王武の上表文・稲荷山古墳出土鉄剣銘文

第Ⅰ部　古代

『詳説日本史』p.27

史料 A
倭王武の上表文

口語訳

　興（安康）が死んで弟の武（雄略）が，王に即位した。武はみずからを使持節都督倭・百済・新羅・任那・加羅・秦韓・慕韓七国諸軍事，安東大将軍，倭国王と称した。
　順帝の昇明2（478）年，武は使者を派遣して，順帝に文書を奉って言った「我が国は中国から遠く，中国王朝の外に支配領域をもっています。昔から祖先はみずから甲冑を身につけ，山や川を駈けめぐり，落ち着く暇はありませんでした。東にある55国を平らげ，西の66国を従わせ，海を渡って朝鮮半島95国を平定しました。……」と。

　興❶死して弟武❷立つ。自ら使持節都督倭・百済・新羅・任那・加羅・秦韓・慕韓七国諸軍事安東大将軍倭国王と称す。
　順帝の昇明二年，使を遣して上表して曰く，「封国は偏遠にして，藩❸を外に作す。昔より祖禰❹躬ら甲冑を擐き，山川を跋渉して寧処に遑あらず。東は毛人❺を征すること五十五国，西は衆夷❻を服すること六十六国，渡りて海北を平ぐること九十五国……」と。　（『宋書』倭国伝）

❶安康。❷雄略。❸区域・さかい。❹先祖。❺蝦夷か。❻熊襲か。

史料 B
稲荷山古墳出土鉄剣銘文

口語訳

　（表）辛亥の年（471年か）7月中に記します。（私の名前は）ヲワケの臣。遠い先祖の名前はオホヒコ，その子（の名前）はタカリのスクネ，その子の名前はテヨカリワケ，その子の名前はタカヒシワケ，その子の名前はタサキワケ，その子の名前はハテヒ。
　（裏）その子の名前はカサヒヨ，その子の名前はヲワケの臣。先祖代々杖刀人の首として今に至るまでお仕えしてきた。ワカタケル大王が，シキの宮に宮殿をおかれていたとき，私は大王が天下を治めるのをたすけた。何回もたたいて鍛え上げたよく切れる刀をつくらせて，私と一族のこれまでの大王にお仕えした由緒を書き残しておくものである。

　（表）辛亥の年❼七月中，記す。ヲワケの臣。上祖，名はオホヒコ。其の児，タカリのスクネ。其の児，名はテヨカリワケ。其の児，名はタカヒシワケ。其の児，名はタサキワケ。其の児，名はハテヒ。
　（裏）其の児，名はカサヒヨ。其の児，名はヲワケの臣。世々，杖刀人の首❽と為り，奉事し来り今に至る。ワカタケルの大王❾の寺❿，シキの宮に在る時，吾，天下を左治し，此の百練の利刀を作らしめ，吾が奉事の根原を記す也。

❼西暦471年か。❽大王の親衛隊長。❾雄略。❿宮殿。

3　倭王武の上表文・稲荷山古墳出土鉄剣銘文

❋ 史料の背景とキーワード ❋

　大和地方を中心とする政治連合であるヤマト政権は，朝鮮半島南部をめぐる外交・軍事上の立場を有利にするため，5世紀初めから約1世紀近くのあいだ，**倭の五王**があいついで中国の南朝の**宋**などに朝貢した。埼玉県の**稲荷山古墳出土鉄剣**の銘文や熊本県の**江田船山古墳出土鉄刀**の銘文などから，ヤマト政権の5世紀における支配範囲が推測できる。また，このころ**渡来人**が朝鮮半島などから渡ってきたことが『**日本書紀**』などに記述されており，技術者集団が日本に渡来したことを推測させる。

演習

問1　史料A・Bにはヤマト政権のある一人の大王名が別の名で記されている。それぞれの名を口語訳史料から抜き出しなさい。

　史料A：　　　　　史料B：

問2　史料Bの下線部について，「ヲワケの臣」の「臣」はヤマト政権から与えられた称号である。こうした称号を何というか。

考察

問　倭の五王が中国の王朝に朝貢した理由を，朝鮮半島の情勢から説明しなさい。

❋❋❋❋❋❋❋❋❋❋❋❋❋❋❋❋❋❋❋❋　**センター試験にチャレンジ**　❋❋❋❋❋❋❋❋❋❋❋❋❋❋❋❋❋❋❋❋

▼次の文を読み，下の問いに答えよ。

　5世紀ごろの大和政権の地方支配の実態については，明らかでないことが多い。しかしながら，『宋書』倭国伝の倭王武の上表文に「東は毛人を征すること五十五国，西は衆夷を服すること六十六国，渡りて海北を平らぐること九十五国」とあり，古墳出土の遺物の銘文や，古墳の形態・地域分布のあり方などを考えあわせると，5世紀後半ごろには大和政権の地方支配が押し進められていったことがわかる。そして大和政権は，地方の豪族を統治し，彼らに貢納や奉仕をさせるために，しだいに政治組織を整えていったと考えられる。

問　下線部に関して述べた文として正しいものを，次の①～④のうちから一つ選べ。
① 墳丘墓とよばれる古墳群が，近畿地方を中心に広がった。
② 大王の名を記した刀剣が，埼玉県や熊本県から出土している。
③ 巨大な前方後円墳が現れるが，奈良県の高松塚古墳もその一つである。
④ 大王の名を記した三角縁神獣鏡が，近畿地方を中心に出土している。

(1998・B追試)

4　憲法十七条

『詳説日本史』p.35

史料
憲法十七条

口語訳

一，仲良くすることを大事にしなさい。逆らわないように心がけなさい。
二，(a)仏教を深く信じなさい。
三，(b)天皇の命令を受けたら必ず従いなさい。天皇は天であり，臣下は地である。
十二，国司・国造は人民から税を不当に取ってはいけない。国には2人の王はいないし，すべての人民が2人の主人に仕えることはあってはならない。すべての人民にとって，天皇だけが主人である。
十七，何ごとも独断で決定してはいけない。必ずみなと話し合いなさい。

一に曰く，和を以て貴しとなし，忤ふること無きを宗とせよ。
二に曰く，(a)篤く三宝❶を敬へ。
三に曰く，(b)詔❷を承りては必ず謹め。君をば則ち天とす，臣をば則ち地とす。
十二に曰く，国司・国造，百姓に斂めとる❸ことなかれ。国に二の君なく，民に両の主なし。率土の兆民❹，王を以て主とす。
十七に曰く，それ事は独り断むべからず。必ず衆と論ふべし。　　　　（『日本書紀』）

❶仏・法・僧で仏教のこと。❷天皇（大王）の命令。❸税を不当にとる。❹すべての人民。

❈ 史料の背景とキーワード ❈

　6世紀は朝鮮半島政策で失敗した大伴氏が没落し，蘇我氏と物部氏が争っていた時代である。大連の物部氏は軍事力で朝廷に仕え，大臣の蘇我氏は渡来人と結んで朝廷の財政権を握っていた。仏教についても蘇我氏は積極的に導入を主張し，物部氏は反対していた。両者は587年に戦い，蘇我馬子が物部守屋を滅ぼした。馬子は592年に崇峻天皇を暗殺したため，初の女性天皇の**推古天皇**が即位した。そして推古天皇の甥にあたる厩戸王（聖徳太子）が摂政となった。厩戸王の施策の中で特に注目されるのは，**冠位十二階**と**憲法十七条**である。憲法十七条は現在の憲法とは違い，諸豪族に国家の官僚としての自覚を求めるとともに，仏教を新しい政治理念として重んじるものであった。官僚制に基づく中央集権国家を目指すものであり，607年の**遣隋使**で隋と交渉する際に，日本が国としての最低限の制度をもっていることを示すものでもあった。

演習

問1　史料の下線部(a)に関連して，厩戸王が創建したと伝えられる，世界最古の木造建築が残っている寺院名を答えなさい。

問2　史料の下線部(b)を実現するために，厩戸王が新たに制度を設けた。何という制度か。またこの制度と姓（かばね）との違いを説明しなさい。

制度：

説明：

考察

問　憲法十七条を制定した目的は，ヤマト政権が大王を中心とした中央集権化を目指したものである。そのことを示す文章を口語訳史料から2カ所抜き出しなさい。

************************ **センター試験にチャレンジ** ************************

▼次の文を読み，下の問いに答えよ。

　一方で蘇我氏は，早くから渡来人と密接に結びつき，国外の先進的な知識を吸収して旧来の政治機構の改革を志向したことでも知られる。蘇我氏のこのような開明的な性格は，6世紀末から7世紀前半にかけて，馬子が聖徳太子と協力して国政改革に意欲的に取り組んだことによく表れている。事実，この時期には，後世の政治に大きな影響をおよぼす政策が次々に打ち出されていった。また，外来の仏教を早くから積極的に受けいれた蘇我氏は，日本最初の仏教文化，すなわち飛鳥文化の開花に大きく貢献した。

問　下線部に関して述べた文として正しいものを，次の①〜④のうちから一つ選べ。
　① 5世紀以来とだえていた中国との交渉が，遣唐使の派遣により再開された。
　② 豪族を官僚として編成するために，官位相当の制が定められた。
　③ 官僚としての心構えなどを説いた憲法十七条が制定された。
　④ 天皇の地位や由来，国家の歴史を明らかにするものとして『日本書紀』が編纂（へんさん）された。

(2003・B本試)

5　遣隋使の派遣

第Ⅰ部　古代

『詳説日本史』p.35

史料
遣隋使の派遣

> **口語訳**
>
> 開皇20(600)年に、倭の王である姓は阿毎、字は多利思比孤は、大王と称して、その使者が隋の文帝のところにやって来た。文帝は、部下に倭の風俗を尋ねさせた。
> (『隋書』倭国伝)
>
> 607年7月3日、推古天皇は小野妹子を遣隋使として派遣した。鞍作福利を通訳とした。
> (『日本書紀』)
>
> 大業3(607)年、倭の王の多利思比孤が、使者を隋に送って貢ぎ物を持って挨拶に来た。倭の使者は「隋の皇帝煬帝さまが、仏教を盛んにさせていると聞きました。そこで、皇帝にご挨拶するとともに、僧侶数十人をつれて仏教を学びに来ました」といった。倭からの国書には「日が昇る国の天子が、日が沈む国の天子に手紙を送ります。お元気ですか、などなど」と書いてあった。煬帝は、これを見て怒り、外交担当の役人に言った。「外国の手紙に無礼なものがあったならば、二度と報告するでないぞ」と。
> (『隋書』倭国伝)

開皇二十年、倭王あり、姓は阿毎、字は多利思比孤❶、阿輩雞弥と号す。使を遣して闕❷に詣る。上❸、所司をしてその風俗を訪わしむ。　　　　　　　　　(『隋書』倭国伝)

(推古天皇十五年)秋七月庚戌❹、大礼小野臣妹子を大唐に遣はす。鞍作福利を以て通事❺とす。　　　　　　　　　　　　　　　　　　　　　　　　　　(『日本書紀』)

大業三年、其の王多利思比孤、使❻を遣して朝貢す。使者曰く、「聞くならく、海西の菩薩天子❼、重ねて仏教を興すと。故、遣して朝拝せしめ、兼ねて沙門❽数十人、来りて仏法を学ぶ」と。其の国書に曰く、「日出づる処の天子、書を日没する処の天子に致す。恙無きや、云々」と。帝、之を覧て悦ばず、鴻臚卿❾に謂ひて曰く、「蛮夷の書、無礼なる有らば、復た以て聞する勿れ」と。　　　　　　　　　　　　　　　　(『隋書』倭国伝)

❶男性の天皇につけられる呼び名。❷皇帝のところ。❸隋の文帝。❹三日。❺通訳。❻遣隋使小野妹子。❼煬帝を指す。❽僧侶。❾外国に関する事務、朝貢のことなどを取り扱う官。

❖ 史料の背景とキーワード ❖

中国では589年に**隋**が南北朝を統一し、強大な中央集権国家が誕生した。隋は**高句麗**などの周辺地域に進出を始めたので、朝鮮半島の情勢は一気に緊迫化した。600年には**遣隋使**が最初に派遣されたとされるが、隋の文帝に倭国の政治・風俗を非難され、むなしく帰国している。そこで、推古朝では**冠位十二階**、**憲法十七条**などを整え、再び遣隋使を派遣した。このとき小野妹子の持っていった国書に「日出づる処の天子、書を日没する処の天子に致す、…」とあるように、中国皇帝に臣従しない形式をとって、煬帝から無礼とされたが、翌年に隋は使者を倭国に送っている。

演習

問1 遣隋使の派遣理由について史料では何と述べられているか，口語訳史料から抜き出しなさい。

問2 608年にも遣隋使が派遣されている。このときに隋に派遣され，のちの大化改新で活躍した人物を2人あげなさい。

考察

問 煬帝が日本の国書を見て激怒したが，翌年に返礼の使節を派遣してきたのはなぜか，隋の外交政策に着目してその理由を述べなさい。

✳✳✳✳✳✳✳✳✳✳✳✳✳✳✳ センター試験にチャレンジ ✳✳✳✳✳✳✳✳✳✳✳✳✳✳✳

▼次の文を読み，下の問いに答えよ。

　日本では，古墳時代　ア　ごろから，古墳の副葬品として馬具がみられるようになり，乗馬が行われはじめたことがわかる。乗馬の風習は，　イ　の好太王の碑文に記されているような，戦争を含めた朝鮮諸国との交渉を通じて日本に伝えられたものであろう。軍事的に重要な意味をもつ馬の利用と育成は，ののち日本各地に急速に普及した。隋の使節として　ウ　が来日した　エ　天皇の時期には，朝廷の騎馬隊が編成されるようになっていて，豪華な装いに威儀を正した騎馬隊がこの使節を出迎えた。

問 文中の　ア　～　エ　に入る語句の組合せとして正しいものを，次の①～⑥のうちから一つ選べ。

① ア―前期　　イ―新羅　　ウ―裴世清　　エ―推古
② ア―中期　　イ―高句麗　ウ―裴世清　　エ―欽明
③ ア―前期　　イ―新羅　　ウ―王仁　　　エ―欽明
④ ア―中期　　イ―新羅　　ウ―王仁　　　エ―推古
⑤ ア―前期　　イ―高句麗　ウ―王仁　　　エ―欽明
⑥ ア―中期　　イ―高句麗　ウ―裴世清　　エ―推古

(1999・B追試)

6 大化改新の詔

第Ⅰ部　古代

『詳説日本史』p.38

史料
大化改新の詔

口語訳
一, 昔, 天皇が設置した子代の民や各地の屯倉と, 諸豪族がもっている部曲の民や各地の田荘を廃止しなさい。そのかわりに給与を大夫以上に各々の地位に応じて支給する。
二, はじめて都をつくり, 畿内・国司・郡司・関所・見張り・防人・駅馬・伝馬をおき, 馬を使用する許可書をつくり, 地方の行政区画を定めなさい。
三, はじめて, 戸籍・計帳をつくり, 班田収授の法をおこないなさい。
四, 大化改新以前の税はやめて, 田に課税をおこないなさい。……別に戸ごとの税を徴収しなさい。

其の一に曰く,「昔在の天皇等の立てたまへる子代の民❶, 処々の屯倉❷, 及び, 別には臣・連・伴造・国造・村首の所有部曲❸の民, 処々の田荘❹を罷めよ。仍りて食封❺を大夫❻より以上に賜ふこと, 各差あらむ。」
其の二に曰く,「初めて京師を修め, 畿内・国司・郡司・関塞❼・斥候❽・防人・駅馬❾・伝馬を置き, 及び鈴契❿を造り, 山河を定めよ。」
其の三に曰く,「初めて戸籍・計帳・班田収授の法を造れ。」
其の四に曰く,「旧の賦役を罷めて, 田の調⓫を行へ。……別に戸別の調を収れ。」

（『日本書紀』）

❶天皇やその一族の直轄民。❷天皇の直轄領。❸豪族の私有民。❹豪族の私有地。❺給与。❻国政に参加する有力氏族の代表者。❼関所。❽北辺の監視要員。❾公的な伝達・輸送に用いられる馬。❿駅鈴と木契。ともに駅馬・伝馬を利用する際の証明とした。⓫一定基準で田地に賦課する税。

✤ 史料の背景とキーワード ✤

　7世紀前半, **蘇我蝦夷・入鹿**父子が権力をふるっていた。入鹿は643年に, 厩戸王の子の山背大兄王とその一族を滅ぼした。これに対し, 皇極天皇の皇子であった**中大兄皇子**は**中臣鎌足**とともに645年に入鹿を暗殺し, 蝦夷も自殺したため, 蘇我氏の勢力は衰えた（乙巳の変）。中大兄は叔父の孝徳天皇を立てて新政権を発足させ, 646年に4カ条からなる**改新の詔**を発し, 大王を中心とした中央集権化を図った。第一条では**公地公民制**を目指すこと, 第二条では, 国司・郡司・防人・駅馬などの設置, 第三条では, 戸籍・計帳をつくり**班田収授法**をおこなうことなどが発せられた。しかし, 第二条の「郡」が7世紀の金石文や木簡などでは一切使われておらず, すべて「評」と表記されていることから,（701年以降はすべて「郡」になる）『日本書紀』の改新の詔の信憑性に疑問があることも指摘されている。

演習

問　中大兄皇子は公地公民制による中央集権化を目指した。口語訳史料から、それを示す部分を2カ所抜き出しなさい。

考察

問　大化改新で中大兄皇子らが中央集権的な政治体制をつくろうとしたのはなぜか。当時の国際状況をふまえて答えなさい。

―――――――――――― センター試験にチャレンジ ――――――――――――

▼次の文を読み、下の問いに答えよ。

　『日本書紀』は神話から7世紀までの歴史を記しているが、古い部分の記述は信憑性が低い。そのため、歴史を考える材料としては中国の史書や同時代に作られた金石文が中心となる。たとえば、ワカタケル大王と読める銘文のある鉄剣が出土して、雄略天皇と伝えられてきた天皇が5世紀後半に実在したことが確かめられた。6世紀なかごろに「帝紀」「旧辞」がまとめられているので、このころからある程度の史実を伝えていると考えられている。

　もっとも7世紀の記事もすべてが正しいとはいえない。『日本書紀』の改新の詔には全国に　ア　を置いたと記されている。しかし　イ　の跡から出土した木簡によって、実は大宝令が施行されるまでは　ウ　の文字が用いられていたことがわかった。『日本書紀』は大化改新で律令国家の枠組みが整ったように記しているが、改新の詔がもとの文章を伝えているか疑問が提起され、今日では、律令国家の形成は天智・天武朝に進んだとする見方が有力になっている。

問　空欄　ア　～　ウ　に入る語句の組合せとして正しいものを、次の①～④のうちから一つ選べ。

① ア―評　イ―平城京　ウ―郡　　② ア―評　イ―藤原京　ウ―郡
③ ア―郡　イ―平城京　ウ―評　　④ ア―郡　イ―藤原京　ウ―評

(2005・B本試)

第Ⅰ部 古代
7　木簡

『詳説日本史』p.48

史料
木簡

口語訳
A 陰陽寮から請求します。大炊寮は飯8升を陰陽寮に支給してください。右の通り依頼します。
B 三河国の播豆郡篠島の海部が5月分の贄として鮫の干物6升をお送りします。
C 長屋親王の邸宅へ鮑の大贄を十編。
D 己亥(699)年の10月，上総の国の阿波の評の松の里…(以下欠損)。

A 陰陽寮❶移す❷　大炊寮❸へ　飯八升を給う　右に依る
B 参河国❹播豆郡篠島海(部)五月料の御贄として供し奉る佐米❺の楚割❻六斤
　　　　　　　　　　　　　　　　　　　　　　　　（以上2点　平城宮出土木簡）
C 長屋親王の宮に鮑の大贄❼を十編　　　　　　　　（長屋王邸跡出土木簡）
D 己亥の年の10月，上挟国❽の阿波評の松里❾…(以下欠損)　（藤原宮出土木簡）

❶天文の観察，暦の作成などを司る役所。❷直接の統括関係にない官庁間の文書に用いられる書式。❸諸司の食料のことを司る役所。❹三河国(今の愛知県)。❺サメ。❻干物。❼神や天皇に捧げる食品。❽上総国(今の千葉県)。❾千葉県南房総市千倉町あたり。

❁ 史料の背景とキーワード ❁

　平城宮跡は，現在保存されて計画的に発掘調査がおこなわれ，宮殿・官庁・庭園などの遺構や**木簡**などの遺物が発見されている。それらの遺物などから，古代の宮廷生活やそれを支えた民衆たちの負担である調や庸などの制度が明らかになっている。また，平城京跡や**藤原京**跡の発掘調査でも多数の木簡が見つかっている。特に平城京の**長屋王**邸跡からは約3万5000点の木簡が発見され，奈良時代初期の上流貴族の家政機関の様子がわかる貴重な史料となっている。史料Dの藤原宮出土木簡は己亥の年(699)まで「郡」が使われていなかったことを明らかにした木簡である。最近では，各郡の郡司の統治拠点である郡衙の遺跡からも木簡・墨書土器などの文字資料が出土し，律令制の文書主義に基づき漢字文化が地方に展開した様子が知られるようになった。

演習

問1　史料Aの下線部の大炊寮は宮内庁に属する官司である。宮内省など八省が中央の政治を分担して司ったが，その八省を管轄した組織は何か。

問2　史料Dについて，当時の地方組織の行政単位を示す言葉を，口語訳史料から3つ抜き出しなさい。

考察

問　古代の歴史を考えるうえで，木簡がなぜ貴重な史料なのか，簡単に説明しなさい。

********************** センター試験にチャレンジ **********************

▼次の文を読み，下の問いに答えよ。

　8世紀の歴史を記す『続日本紀』は，『日本書紀』に比べて史料としての信憑性は増すものの，国家が作った歴史書として一定の歴史観に立っていることに変わりはない。発掘調査や出土した木簡などからわかる新しい事実にもとづき，国家の歴史書とは別の角度から歴史を見る必要がある。長屋王邸跡出土の木簡には「長屋親王宮」と書かれているものや，邸内に鶴や馬が飼われていたことを示すものがある。これらのことから，長屋王の権勢の大きさが，『続日本紀』が伝える以上に明らかになった。

問　下線部に関して述べた文a〜dについて正しい組合せを，下の①〜④のうちから一つ選べ。
　a　長屋王は親王(天皇の子や兄弟)と記されているが，天武天皇の孫である。
　b　長屋王には，平城宮内に広大な邸宅が与えられた。
　c　長屋王は，藤原不比等によって自殺させられた。
　d　長屋王の死後，藤原不比等の娘の光明子が皇后になった。
　①　a・c　　　②　a・d　　　③　b・c　　　④　b・d

(2005・B本試)

8 国分寺建立の詔

第Ⅰ部　古代

『詳説日本史』p.51

史料
国分寺建立の詔

> **口語訳**
> （741年）3月24日，聖武天皇の詔（命令）が出された。「……それぞれ諸国で謹んで七重塔を1基つくり，金光明最勝王経・妙法蓮華経を1部ずつ写経させなさい。……僧寺には必ず20人の僧をおいて，「金光明四天王護国之寺」と名づけること。尼寺には10人の尼をおいて，「法華滅罪之寺」と名づけること。この両方の寺の僧・尼に，正しい仏教の教えと戒律を授けなさい。……」

> （天平十三年）❶三月……乙巳❷，詔して曰く。「……宜しく天下諸国をして各敬みて七重塔一区を造り，幷せて金光明最勝王経・妙法蓮華経各一部を写さしむべし。……僧寺には必ず廿僧有らしめ，其の寺の名を金光明四天王護国之寺❸と為し，尼寺には一十尼ありて，其の寺の名を法華滅罪之寺❹と為し，両寺相共に宜しく教戒❺を受くべし。……」と。　（『続日本紀』）
> ❶741年。❷二月二十四日の誤り。❸国分寺。❹国分尼寺。❺教え。

❀ 史料の背景とキーワード ❀

天平年間には，疫病の流行や**藤原広嗣の乱**(740年)などの反乱が起こり，社会不安が広まった。**橘諸兄**政権のもと，**聖武天皇**は遷都を繰り返すとともに，仏教の力で国家の安定を図ろうとする**鎮護国家**の思想に基づいて，国分寺の建立を命じた。『金光明最勝王経』『妙法蓮華経（法華経）』を広めることによって国家は安定すると信じられていた。この詔の引用部分以外に，聖武天皇が釈迦如来像をつくって『大般若経』を写させたところ豊作がもたらされたと書かれていることからも，こうした思想があったことがみてとれる。

演習

問1　国分寺と国分尼寺の正式名称を何というか。口語訳史料中の言葉から抜き出しなさい。

国分寺：　　　　　　　　　　　国分尼寺：

問2　総国分寺とされ，盧舎那仏が造立された寺院名を答えなさい。

考察

問　聖武天皇（在位724～749）の時代，疫病・政治情勢による社会不安が広まっていた。それらの社会不安を具体的に説明しなさい。

*********************** センター試験にチャレンジ ***********************
▼次の文を読み，下の問いに答えよ。

　奈良時代のはじめには，律令にもとづく租税制度や行政組織など，国を統治する体制が充実してきた。聖武天皇の時代になると，災害や疫病の流行があいついだこともあり，国家の安定と仏教の興隆を結びつけた思想が重視されるようになった。その結果，国分寺建立，大仏造立などの事業が打ち出され，僧侶と政治権力との関係が密接になった。そして称徳天皇の信任を得ていた道鏡が権勢をふるい，ついには天皇が道鏡を皇位につけようとするなど，政界を動揺させる事件も起こった。

問　下線部に関連して，奈良時代の政変に関して述べた文Ⅰ～Ⅲについて，古いものから年代順に正しく配列したものを，下の①～⑥のうちから一つ選べ。
　Ⅰ　橘奈良麻呂らが藤原仲麻呂の打倒をめざしたが，事前に発覚して失敗した。
　Ⅱ　玄昉と吉備真備の排斥を唱えた藤原広嗣が大宰府で反乱を起こしたが，鎮圧された。
　Ⅲ　左大臣長屋王が，謀反の疑いをかけられ，自殺に追い込まれた。
　①　Ⅰ－Ⅱ－Ⅲ　　　②　Ⅰ－Ⅲ－Ⅱ　　　③　Ⅱ－Ⅰ－Ⅲ
　④　Ⅱ－Ⅲ－Ⅰ　　　⑤　Ⅲ－Ⅰ－Ⅱ　　　⑥　Ⅲ－Ⅱ－Ⅰ

(2013・B本試改)

9 大仏造立の詔

第Ⅰ部　古代

『詳説日本史』p.51

史料
大仏造立の詔

口語訳

　（743年）冬10月15日，聖武天皇の詔（命令）が出された。「……天平15年10月15日，(a)仏弟子としての人々を救うという願いを起こして，盧舎那仏の金銅像1体をおつくりしよう。……この国で富を持つ者は(b)私であり，権力を持つ者もこの私である。この富と権力を用いて大仏像をつくる。このことは簡単ではあるが，それでは人々を救おうとする願いを達成するのは難しい。……」と。

　（天平十五年）❶冬十月辛巳，詔して曰く。「……粵に天平十五年歳次癸未十月十五日を以て，(a)菩薩の大願❷を発して盧舎那仏❸の金銅像一軀を造り奉る。……夫れ天下の富を有つ者は(b)朕なり。天下の勢を有つ者も朕なり。此の富勢を以てこの尊像を造る。事や成り易き，心や至り難き。……」と。　　　　　　　　　　　　　　（『続日本紀』）

❶743年。❷仏教を興隆し，衆生を救おうとする願い。❸華厳経の本尊。仏国土をあまねく照らす仏。

❋ 史料の背景とキーワード ❋

　鎮護国家の思想に基づき，**聖武天皇**は741（天平13）年に「国分寺建立の詔」，743年に「大仏造立の詔」を出した。大仏造立の詔の続きには，「……もし一枝の草・一すくいの土をもって，大仏造立に協力したいと願う者がいたら，それを認めなさい。」と書かれている。聖武天皇は民衆の協力を得るため，国家に取締りを受けながらも社会事業をおこなっていた**行基**を大仏造立に協力させた。大仏（**東大寺盧舎那仏**）が完成して開眼供養がおこなわれ，聖武太上天皇・光明皇后・**孝謙天皇**，文武百官や渡来僧のほか約1万人の僧が参列した。

演習

問1　史料の下線部(a)について，「仏弟子としての人々を救うという願い」とあるが，この時代，仏教の力によって国や社会の安定を図ろうとする考え方があった。これを何というか。

問2　史料の下線部(b)について，「私」「朕」とは誰か。

考察
問 聖武天皇は，民衆の協力を得ようと，国家の取締りを受けながらも社会事業をおこなっていた行基を，大仏造立に協力させたが，なぜ協力させたのかその理由を口語訳史料から抜き出しなさい。

センター試験にチャレンジ

▼次の文を読み，下の問いに答えよ。

明　里：スタンドの蛍光灯を替えたら明るくなったね。これであなたもしっかり勉強ができるわね。
光　男：そういえば，電気のない大昔は，夜は暗くて何もできなかったのかな？
明　里：古代の祭祀は夜に行われるものも多かったし，政府に保護された仏教寺院では，夜でも灯明をともして法会をしたのよ。暗いお寺で金色の仏像が灯明に照らしだされる様子は，神秘的だったでしょうね。
光　男：奈良時代の役人は早朝出勤で，明るいうちに仕事が終わったんだってね。
明　里：でも摂関時代になると，たとえば内裏で行う儀式や政務の時間が遅くなっていくって，授業で聞いたわ。
　　　　（以下略）

問　下線部に関連して，古代の宗教に関して述べた文a〜dについて，正しいものの組合せを，下の①〜④のうちから一つ選べ。
　a　天皇(大王)や首長は，秋の収穫に感謝して，新嘗祭を執り行った。
　b　天皇(大王)や首長は，秋の収穫に感謝して，御霊会を執り行った。
　c　大仏造立の詔にもとづき，東大寺に盧舎那仏像が造られた。
　d　大仏造立の詔にもとづき，東大寺に阿弥陀如来像が造られた。
　①　a・c　　　②　a・d　　　③　b・c　　　④　b・d

(2011・B本試改)

10　三世一身法・墾田永年私財法

第Ⅰ部　古代

『詳説日本史』p.53

史料 A
三世一身法

口語訳

（養老7〈723〉年）4月17日，太政官が天皇に申し上げた。「最近人口がしだいに増えてきて口分田が足りなくなってきました。そこで，全国に勧めて田地を開墾させるようお願いいたします。新しく灌漑施設をつくり開墾する者には面積の広い狭いにかかわらず三代に渡って所有させましょう。すでにある溝や池を利用して開墾した場合には，本人一代限り所有させることとしましょう」と。

（養老七年四月）辛亥，太政官奏すらく，「頃者百姓漸く多くして，田池窄狭なり。望み請ふらくは，天下に勧め課せて，田疇を開闢かしめん。其の新たに溝池を造り，開墾を営む者有らば，多少を限らず，給ひて三世❶に伝へしめん。若し旧き溝池を逐はば，其の一身に給せん」と。

❶本人・子・孫の三代（子・孫・曾孫の三代とする説もある）。
（『続日本紀』）

史料 B
墾田永年私財法

口語訳

（天平15〈743〉年）5月27日，詔が出された。「聞くところによると，開墾された田地は養老七年の格により，期限がきたあとは律令の規定によって国家が公地として回収している。そのため農民が怠けてしまい開墾した田地が再び荒れてしまうという。これからは，開墾した者が思うままに私財とすることを認め，三世一身を期限とせずにすべて永久に私有地とする。親王で一品の者及び王臣で一位の者は500町……初位以下一般の民までは10町。ただし，郡司については，大領・少領には30町，主政・主帳には10町とする。……」と。

（天平十五年五月）乙丑，詔して曰く，「聞くならく，墾田は養老七年の格❷に依りて，限満つる後，例に依りて収授す。是に由りて農夫怠倦して，開ける田復た荒る，と。今より以後，任に私財と為し，三世一身を論ずること無く，咸悉くに永年取る莫れ。其の親王❸の一品及び一位は五百町，……初位已下庶人に至るまでは十町。但し郡司は，大領少領❹に三十町，主政主帳❺に十町。……」と。
（『続日本紀』）

❷律令条文の補足や改正のために出された法令。❸天皇の兄弟や皇子など。一品から四品までの4階に区分される。❹郡司の長官・次官。❺郡司の三等官・四等官。

❋ 史料の背景とキーワード ❋

政府は人口増加による口分田の不足を補うため，耕地の拡大を図る必要にせまられた。まず，722（養老六）年に**百万町歩の開墾計画**を立てた。翌年出された**三世一身法**は，限度を三世代までと定めて田地の私有を認め，民間の開墾を進めようとしたものである。しかし，期限後の収公を定めたため三世一身法は開墾奨励策としては効果が薄く，743（天平15）年に**墾田永年私財法**を出し，位階などによ

る制限のもとで墾田を開発する手続きを規定し，墾田の収公を廃止した。この法は政府の掌握する土地を増加させようという積極的な政策だったが，一方ではこれにより，土地公有の原則は後退し，大寺院や有力な貴族は，国司や郡司の協力を得て農民や浮浪人を使用して大規模な開発に乗り出し，**初期荘園**(しょきしょうえん)が形成された。

演習

問1 三世一身法の前年に出された，耕地を拡大させるため出された政策は何か。

問2 三世一身法が出されたときに政権を担っていたのは誰か。

問3 史料Bの下線部「養老七年の格」とは，何を指すか。

考察

問 墾田永年私財法はどのようなねらいをもっていたか。また，その実施によりどのような影響があったか。説明しなさい。

━━━━━━━━━━━━━━━ **センター試験にチャレンジ** ━━━━━━━━━━━━━━━

問1 墾田永年私財法及び墾田永年私財法が出されたころの開墾に関して述べた文として誤っているものを，次の①〜④のうちから一つ選べ。
① 開墾を認められた面積には，身分により制限が設けられた。
② 開墾された田地は租を納めるものとされた。
③ この法の施行ののち三世一身法が発布された。
④ 有力な貴族や大寺院は，付近の一般農民や浮浪人を使って開墾を行った。
(2011・B本試)

問2 「初期荘園」について述べた文として誤っているものを，次の①〜④のうちから一つ選べ。
① 墾田を集積した初期荘園の多くは，田租を免除された。
② 墾田を集積した初期荘園の多くは，賃租によって経営された。
③ 墾田を集積した初期荘園の経営には，国司や郡司の協力があった。
④ 墾田を集積した初期荘園の経営のために，荘が設置された。
(1996・B本試)

問1	問2

11 浮浪・逃亡の続出

第Ⅰ部　古代

『詳説日本史』p.54

史料
浮浪・逃亡の続出

> **口語訳**
>
> （養老元〈717〉年5月）17日，詔が出された。「全国の人民が各地に浮浪して庸・調・雑徭を逃れ，王族や貴族に仕えて，ある者は貴族の護衛や雑用に従事することを望み，ある者は出家することを求めている。王族や臣下は人民の本籍地の役所を通さず，国司・郡司に頼んで人民を勝手に使うようになっている。このため人民が各地で流浪のまま過ごし郷里に帰らない。もしこのような人民を私的にかくまうようなことがあれば，状況を調べ，律令に従って罪とする」と。

　（養老元年五月）丙辰，詔して曰く，「率土の百姓❶，四方に浮浪❷して課役❸を規避し，遂に王臣❹に仕へて，或は資人❺を望み，或は得度❻を求む。王臣本属❼を経ず私に自ら駈使し，国郡に嘱請して遂に其の志を成す。茲に因りて，天下に流宕❽して郷里に帰らず。若し斯の輩有りて，輙く私に容止❾せば，状を撿りて罪を科すること，並に律令の如くせよ」と。

（『続日本紀』）

❶全国の人民。❷律令では，本籍地を離れても課役を納める者が浮浪，納めない者が逃亡とされているが，実際は混用されている。❸調・庸・雑徭。❹上級官僚である王族・臣下。❺王臣の護衛や雑用などに従事する者。❻国家の規定に従って正式に出家すること。❼本籍地の役所。❽浮浪する。❾かくまう。

❖ 史料の背景とキーワード ❖

　律令政府は人民を**戸籍・計帳**に登録し，口分田を班給し，あわせて重い負担を負わせた。農民の負担には租・調・庸・雑徭のほか，調・庸を都に運ぶ運脚，中央官庁で雑役に従う仕丁，畿内を中心に造都・造営作業のため人夫として使われる雇役，成人男性3～4人に1人の割合で徴発される**兵役**，国家が稲を貸し付けて収穫時に高い利息とともに徴収する**出挙**（公出挙）などがあった。

　このため農民の中には口分田を捨て戸籍に登録された地を離れて**浮浪**したり，都の造営工事現場などから**逃亡**したりする者が少なくなかった。王族や貴族の従者（資人）や僧侶は課役が免除されていたので，勝手に資人になったり，僧侶になったりする（私度僧）方法もあった。このため政府は，税収確保や軍団の維持に支障をきたすようになり，浮浪・逃亡している農民を寺社や貴族が抱えることを禁じようとしたのが，本史料の詔である。

演習

問1　農民の負担について，次の(1)・(2)に答えなさい。

(1) 兵役についた者の中から，九州沿岸の防衛にあたった者を何というか。

(2) 口語訳史料の下線部の庸の負担の内容を説明しなさい。

問2　この史料から，農民が浮浪・逃亡したり，貴族に仕えたり，僧侶になったりするなど，さまざまな方法で負担から逃れようとしたことがわかるが，負担から逃れるためおこなわれたことを，あと一つあげなさい。

考察

問　律令政府がこの詔で浮浪などを禁止した理由を，口語訳史料中の言葉を使って説明しなさい。

************ センター試験にチャレンジ ************

問　史料の内容について述べた文として誤っているものを，次の①〜④のうちから一つ選べ。
① 王臣は，浮浪人の取り締まりを政府に請願した。
② 王臣は，浮浪人をかくまい，私的に使用することがあった。
③ 農民は，課役を忌避するために資人になることを望んだ。
④ 農民は，課役を忌避するために僧侶になることを求めた。

(1993・本試)

12 農民の苦しみ——貧窮問答歌

『詳説日本史』p.56

史料
農民の苦しみ——貧窮問答歌（ひんきゅうもんどうか）

> **口語訳**
>
> 人並みに働いているのに，綿も入っていない麻の袖なしの，しかも海草のように破れて垂れ下がり，ぼろぼろになったものばかりを肩にかけて，つぶれかけた家，曲がって傾いた家の中には，地面にじかに藁（わら）を敷いて，父や母は頭の方に，妻や子は足の方に，自分を囲むよう転がって，悲しんだりうめいたりしており，竈（かまど）には火の気もなく，甑（こしき）には蜘蛛の巣がはって，飯を炊くことも忘れたようで，かぼそい力のない声でうめいているのに，「短いものの端（はし）を切る」ということわざと同じように，鞭（むち）を持った里長の呼ぶ声が寝室にまで聞こえてくる……

> 人並（なみ）に　吾（あれ）も作るを　綿も無き　布肩衣（ぬのかたぎぬ）の　海松❶（みる）の如（ごと）　わわけさがれる　襤褸（かかふ）のみ　肩に打ち懸（か）け　伏廬（ふせいお）の　曲廬（まげいお）の内に　直土（ひたつち）に　藁解（わらと）き敷きて　父母は　枕の方に　妻子どもは　足の方に　囲（かく）み居て　憂（うれ）へ吟（さま）ひ　竈（かまど）には　火気ふき立てず　甑❷（こしき）には　蜘蛛の巣懸きて　飯炊（いいかし）く　事も忘れて　鵺鳥（ぬえどり）の　呻吟（のどよ）ひ居るに　いとのきて　短き物を　端截（はしき）ると　云（い）へるが如く　楚（しもと）取る　五十戸（さと）良❸（おさ）が声は　寝屋戸（ねやど）まで　来立ち呼ばひぬ……
>
> （『万葉集（まんようしゅう）』）
>
> ❶海草。❷米を蒸す道具。❸里長。

※ 史料の背景とキーワード ※

律令制下の農民は，さまざまな負担を担っており，それらが彼らを疲弊させる大きな原因となっていた。農民たちは，戸主を代表者とする戸に所属する形で**戸籍**・**計帳**に登録され，50戸で1里が構成されるように**里**が編成された。里には末端の統治機構として**里長**がおかれた。8世紀に作成され残存している戸籍から平均すると戸の人数は20〜30人程度であり，戸が実際の家族そのままではなく，編成されたものではないかと考えられている。8世紀前半の一時期には，**郷里制**が施行されて，従来の戸の中に発生した小家族を房戸として把握し，房戸をいくつか含む従来の戸を郷戸として50戸で郷を編成する原則を維持する制度としたこともある。

演習

問1　当時の庶民が食事で使った道具を，口語訳史料から2つ抜き出しなさい。

問2　地方で直接民衆の支配をおこなったのはどのような人か，口語訳史料から抜き出しなさい。

考察

問　当時の農民は，なぜ史料のような生活だったのか，説明しなさい。

***************************** センター試験にチャレンジ *****************************

問　次の史料からうかがえることに関して述べた文 a～d について，正しいものの組合せを，下の①～④のうちから一つ選べ。

【史料】
　　……かまどには　火気ふき立てず　甑には　蜘蛛の巣かきて　飯炊く　事も忘れて　ぬえ鳥の　のどひ居るに　いとのきて　短き物を　端切ると　言へるがごとく　しもと取る　五十戸良が声は　寝屋戸まで　来立ち呼ばひぬ……　　　　　　　　　　　　　　　　　　（『万葉集』巻第5）

a　この歌は山上憶良が作ったものである。
b　この歌は東国の農民が作ったものである。
c　この歌が作られたころの国司は，郡司や里長を通じて徴税を行っていた。
d　この歌が作られたころの国司は，在庁官人を通じて徴税を行っていた。

①　a・c　　②　a・d　　③　b・c　　④　b・d

(2012・B 本試改)

13 藤原氏の栄華

第Ⅰ部　古代

『詳説日本史』p.70

史料
藤原氏の栄華

口語訳

　（寛仁2〈1018〉年10月）16日，今日は女御の藤原威子が皇后（中宮）の位につく日である。……藤原道長殿が私（藤原実資）をまねいておっしゃった，「和歌を詠もうと思うが，ぜひ返歌をしてほしい」といわれるので，私は「きっと御返歌をいたしましょう」と申し上げた。すると道長殿は「(a)これは誇らしく思って読んだものだが，即興の作で前々から用意してきたものではない」と弁解して「この世はすべて自分のもののような心地だ。ちょうど満月が欠けるところがないように，願ってかなわぬものはない」と詠まれた。(b)私は「さすがにすばらしい御歌で，とても御返歌どころではありません。ここにいる皆でこの御歌を唱和しましょう。……」と申し上げた。

　（寛仁二年十月）十六日乙巳，今日，女御❶藤原威子❷を以て皇后に立つるの日なり。……太閤❸下官❹を招き呼びて云く，「和歌を読まむと欲す。必ず和すべし。」者。答へて云く，「何ぞ和し奉らざらむや。」又云ふ，「(a)誇りたる歌になむ有る。但し宿構に非ず。」者。「此の世をば我が世とぞ思ふ望月の　かけたることも無しと思へば」。(b)余申して云く，「御歌優美なり。酬答に方無し。満座只この御歌を誦すべし。……」と。　　　　　（『小右記』）

❶天皇の妃で皇后・中宮の下の位。❷藤原道長の三女。後一条天皇の皇后となる。❸藤原道長。❹藤原実資。

❈ 史料の背景とキーワード ❈

　安和の変によって他氏排斥をした**藤原北家**の内部では，**摂政・関白**の地位をめぐって一族の紛争が続いたが，この対立も10世紀末の**藤原道長**のときにおさまった。道長は摂政となり（すぐに頼通に譲る），藤原氏の「氏長者」を兼ね，人事全体を掌握し，絶大な権力を握った。道長は4人の娘を中宮（皇后）や皇太子妃とし，30年にわたって朝廷で権勢をふるった。後一条・後朱雀・後冷泉3代の天皇は道長の外孫であり，道長のあとを継いだ**藤原頼通**は，3天皇の50年にわたって摂政・関白をつとめ，**摂関政治**の全盛期を築いた。

演習
問　史料の下線部(a)について藤原道長が誇らしくなった理由を，口語訳史料から抜き出しなさい。

考察
問　史料の下線部(b)で，なぜこの日記の作者はこのような発言をしたのか。当時の道長の地位を考慮して答えなさい。

★★★★★★★★★★★★★★★★★★★★★ センター試験にチャレンジ ★★★★★★★★★★★★★★★★★★★★★

問　次の文の空欄 ア ・ イ に入る語句の組合せとして正しいものを，下の①～④のうちから一つ選べ。

　平安時代になると，新たな律令の制定はなく，格や式を体系的に編纂することで法典の整備がなされた。律令自体については，その解釈を精密に行う学問が発達し，令の公式の注釈書として『 ア 』が作られた。一方，奈良時代以来行われていた政務の一部は儀式化した。貴族たちは先例に従って儀式を執行することを重視し，後日の覚えのために日記を書き残した。藤原実資の『 イ 』はその代表的なものであり，藤原道長の栄華についても記述されている。

①　ア―経国集　イ―更級日記　　②　ア―令義解　イ―更級日記
③　ア―経国集　イ―小右記　　　④　ア―令義解　イ―小右記

(2004・B本試)

14 『往生要集』の序文・極楽歌

第Ⅰ部　古代

『詳説日本史』p.74

史料 A
『往生要集』の序文

口語訳
　極楽に行くための教えや修行は、乱れ濁った末世の社会を生きていくための道標である。出家の者も出家していない者も、身分の高い者も低い者も、道標としない者があろうか。しかし顕教や密教の教えは必ずしも同じではない。悟りを得るための修行の仕方は様々である。知識が深く精進を怠らない人には難しくないかもしれないが、私のような道理をわきまえない者には、修行をきちんとおこなうことが難しい。そこで(a)阿弥陀仏ととなえるだけで極楽へ行ける念仏に関連するものだけを経典の中から集めてみた。これをひもとき、これに従って身を修めれば、悟りを開き、修行が簡単にできる。

　夫れ往生❶極楽の教行は、濁世末代の目足なり。道俗貴賤、誰か帰せざる者あらんや。但し顕密❷の教法は、其文一に非ず。事理の業因は、其の行惟れ多し。利智精進の人は、未だ難しとなさざるも、予の如き頑魯の者、豈敢てせんや。是の故に念仏の一門によりて、聊か経論の要文を集む。之を披き之を修すれば、覚り易く行ひ易からん。　　　　（『往生要集』）

❶現世を去って浄土に生まれ変わること。❷釈迦の教えを経典から学び修行することで悟りを得ようとする仏教を顕教、大日如来の真言などの呪法により悟りを得ようとする仏教を密教という。ここでは「今までの仏教はすべて」の意。

史料 B
極楽歌

口語訳
　(b)極楽浄土のすばらしさは一つとして嘘偽りではない。吹く風も立つ波も鳥もすばらしい仏教の教えを説いているのである。

　極楽浄土のめでたさは　ひとつも虚なることぞなき　吹く風立つ波鳥も皆　妙なる法をぞ唱ふなる
　　　　　　　　　　　　　((c)『梁塵秘抄』巻二　法文歌　極楽歌)

※ 史料の背景とキーワード ※

　平安時代には、空海が密教を中国から伝えて真言宗を開き、また最澄が開いた天台宗も密教を取り入れるようになると、仏教に現世利益を求める風潮が強まった。こうした風潮に加えて、10世紀には阿弥陀仏のいる極楽浄土への往生を願う浄土教が盛んになった。10世紀後半に比叡山の僧の源信が『往生要集』を著して、念仏往生の教えを説くと、貴族から庶民まで、念仏による極楽往生を願う風潮が強まった。おりから釈迦の死後2000年を経て末法の時代が始まるとされ、それが1052年にあたると信じられていたため、阿弥陀信仰がいっそう盛んとなり、阿弥陀堂が各地に建設された。また、慶滋保胤の『日本往生極楽記』をはじめとする往生伝も多くつくられた。

演習

問1 史料Ａの下線部(a)について，藤原頼通が建立した宇治の平等院鳳凰堂にある阿弥陀如来像の製作者は誰か答えなさい。また，その製作技法は何か答えなさい。

製作者：　　　　　　　　製作技法：

問2 史料Ｂの下線部(b)について，来世において極楽浄土に往生し，そこで悟りを得て苦がなくなることを願う教えは何か答えなさい。

問3 史料Ｂの下線部(c)について，編者は誰か答えなさい。

考察

問 10世紀半ば以降，阿弥陀如来への信仰が高まった理由はいくつか考えられるが，史料Ａではどのように述べられているか，口語訳史料中の言葉を用いて説明しなさい。

―――――――――――――― センター試験にチャレンジ ――――――――――――――

問 9世紀における新仏教の動きに関して述べた次の文ａ～ｄについて，正しいものの組合せを，下の①～④のうちから一つ選べ。

　ａ　高野山に金剛峰寺が開かれた。
　ｂ　上皇や貴族がしばしば熊野へ参詣した。
　ｃ　源信によって『往生要集』が著された。
　ｄ　天台宗に密教が本格的に取り入れられた。

　①　ａ・ｃ　　　②　ａ・ｄ　　　③　ｂ・ｃ　　　④　ｂ・ｄ

(2007・Ｂ本試)

15　国司の暴政——尾張国郡司百姓等解

『詳説日本史』p.79

史料
国司の暴政——尾張国郡司百姓等解

口語訳
尾張の国の郡司や人民が太政官の裁決をお願いすること。
　当国の守である藤原元命が、3カ年のうちに責め取った非法の徴税や不法行為31カ条の□□（訴え状）を裁決して頂きたい。
一、……決まった額の出挙のほかに3カ年間で密かに正税43万1248束の利息として12万9374束4把1分を徴収したこと。
一、……藤原元命が都から尾張に来るたびに、官位のある者ない者やよからぬ者どもを伴ってくること。
　　　永延2（988）年11月8日　　郡司百姓等

尾張国郡司百姓等解し申し請ふ官裁の事。
　裁断せられむことを請ふ、当国の守藤原朝臣元命、三箇年の内に責め取る非法の官物❶幷せて濫行横法三十一箇条の□□（憝状）
一、……例挙❷の外に三箇年の収納、暗に以て加徴せる正税❸四十三万千二百四十八束❹が息利の十二万九千三百七十四束四把一分の事。
一、……守元命朝臣、京より下向する度毎に、有官、散位の従類、同じき不善の輩を引率するの事。
　　　永延二年十一月八日　　郡司百姓等
　　　　　　　　　　　　　　　　　　　　　（「尾張国郡司百姓等解」）

❶律令制で租税として納入された貢納物。租のみを示す場合もあるが、平安中期以降は、公田などの公領（国衙領）からの貢納物を指した。❷利息付の貸借のことで、国家が農民に春に稲を貸し付け、秋に5割（のちに3割）の利息をつけて返済させた制度を公出挙という。10世紀頃からは、貸付を実際にはせず利息だけを取るようになり、税の一種となった。国司が課すことができる公出挙は、その総量が決められていた。❸国衙に蓄えられていた稲。❹稲の計量単位。1束から5升の米が取れる（当時の升は現在の約10分の4）。1束が10把。したがって1把は現在の約2合。

❖ 史料の背景とキーワード ❖

　10世紀になると律令体制のいきづまりがはっきりしてきた。班田収授がおこなわれなくなり、租庸調などの取立てもできなくなった。そこで、政府は任国に赴任する最上席者の国司に大きな権限を与え、租税の収納の責任をもたせるようになった。こうした国司を**受領**という。受領は国内の有力農民に耕作を請け負わせ、租庸調や出挙などの系譜を引く**官物**や、雑徭に由来する**臨時雑役**を課した。こうした税を請け負った有力農民を**田堵**といい、課税単位を**名**という。受領の中には巨利を得ようとして、決められた以上の徴税を課すなど暴政をおこなう者もあった。988年、尾張国守であった藤原元命もこうした受領の一人で、郡司や有力農民から太政官にその苛政を31カ条におよんで訴えられた。

演習

問 次の空欄に適切な語句を入れなさい。

　10世紀前半の（　①　）天皇の時代には，班田を命じ，延喜の（　②　）令を出すなど，律令体制の復興が目指されたが，戸籍・計帳などはすでに正確に作成されず，租や調庸の取立てもおこなえず，律令財政は破綻した。914年に（　③　）が提出した「意見封事十二箇条」には，財政の破綻と地方政治の混乱が指摘されている。こうした中で，地方制度の転換が図られ，赴任する国司の最上席者に大きな権限と責任が負わされ，受領と呼ばれるようになった。受領は，有力な農民である（　④　）に田地の耕作を請け負わせた。徴税の対象となる田地を（　⑤　）といい，それぞれには請負人の名がつけられた。これを（　⑥　）という。

①　　　　②　　　　③　　　　④　　　　⑤　　　　⑥

考察

問1 史料の下線部に関して，藤原元命が非法の徴税をしたのはなぜか説明しなさい。

問2 尾張国郡司百姓等解には，藤原元命が官位のある者ない者やよからぬ者どもを伴ってくると訴えられている。この「よからぬ者」は元命の郎等（従者）であるが，彼らはどのような役割を担っていたのか説明しなさい。

センター試験にチャレンジ

問 10世紀以後の国家による地方支配に関して述べた文として誤っているものを，次の①〜④のうちから一つ選べ。
① 10世紀初めを最後に，全国的な班田収授は命じられなくなった。
② 耕地を名という単位に編成し，有力農民に耕作を請け負わせた。
③ 国家の財源を確保するため，初期荘園の開発を奨励した。
④ 国司に一定額の租税の納入を請け負わせ，地方支配を一任した。

(2008・B本試)

第Ⅰ部　古代

16　荘園の寄進

『詳説日本史』p.81

史料
荘園の寄進

口語訳

肥後国（熊本県）鹿子木荘の事
一，当寺（東寺）は，開発領主である沙弥寿妙の一族からの正統な相続の継承者である。
一，寿妙の子孫である高方のときに，(a)権威を借りるために，実政卿を領家として，年貢400石を割り当てて，高方は荘園の現地を管理する(b)預所職となった。
一，実政の子孫の願西には権威がなかったので，国司の不当な介入を防ぐことができなかった。そのために，願西は領家の400石のうち200石分を納めて高陽院内親王に荘園を寄進した。……これがこの荘園の本家の最初である。

鹿子木の事
一，当寺の相承❶は，開発領主沙弥寿妙嫡々相伝の次第なり。
一，寿妙の末流の高方❷の時，(a)権威を借らむがために，実政卿❸を以て領家と号し，年貢四百石を以て割り分ち，高方は庄家領掌進退の(b)預所職となる。
一，実政の末流願西微力の間，国衙の乱妨を防がず，この故に願西，領家の得分二百石を以て，高陽院内親王❹に寄進す。……これ則ち本家の始めなり。　　　（東寺百合文書）

❶相続。❷中原高方。❸従二位藤原実政（大宰大弐）。❹鳥羽天皇の皇女。

❈ 史料の背景とキーワード ❈

　10世紀後半以降，国衙から臨時雑役などを免除されて一定の領域を開発する者が現れた。彼らは，11世紀頃になると**開発領主**と呼ばれた。彼らの中には，所領に対する国衙の干渉を排除するため，所領を中央の権力者に**寄進**し，みずからは預所や下司などの荘官となる者も現れた。寄進を受けた荘園の領主は**領家**と呼ばれ，この荘園がさらに上級の貴族や有力な皇族に重ねて寄進されたとき，上級の領主は**本家**と呼ばれた。こうしてできた荘園を**寄進地系荘園**と呼ぶ。
　11世紀後半になると，受領から中央に送られる税収が減少し，律令制で定められた封戸などの収入が不安定になった皇室や摂関家・大寺社は，積極的に寄進を受け，さらに荘園の拡大を図るようになった。

演習

問1　史料の下線部(a)について，なぜ権威を借りる必要があったのか，口語訳史料中の言葉を用いて説明しなさい。

問2　史料の下線部(b)の預所のように荘園の経営管理にあたる者の総称を何というか。

考察

問1 貴族や大寺社が荘園の寄進を受けた理由を，11世紀後半の社会の変化から説明しなさい。

問2 開発領主は11世紀にどのような社会的な勢力となったのか，具体的に説明しなさい。

****************** センター試験にチャレンジ ******************

▼次の史料に関する，下の問いに答えよ。

鹿子木の事
　一，当寺(時)の相承は，開発領主沙弥寿妙嫡々の相伝の次第なり。
　一，寿妙の末流の高方の時，権威を借らんがために，実政卿をもって　ア　と号し，年貢四百石をもって割き分ち，高方は庄家領掌進退の預所職となる。
　一，実政の末流の願西微力の間，国衙の乱妨を防がず。この故に願西，　ア　得分二百石をもって，高陽院内親王に寄進す。件の宮薨去の後，御菩提のために，勝功徳院を立てられ，かの二百石を寄せられる。その後，美福門院の御計として御室に進付せらる。これ則ち　イ　の始めなり。

問1 空欄　ア　・　イ　に入る語句の組合せとして正しいものを，次の①～④のうちから一つ選べ。
① ア―領家　イ―本家
② ア―目代　イ―郷司
③ ア―郷司　イ―領家
④ ア―本家　イ―目代

問2 この史料に関して述べた文として**誤っているもの**を，次の①～④のうちから一つ選べ。
① 鹿子木荘では，開発領主の末流(子孫)が預所になっている。
② 高方が実政の権威にすがったときは，まだ荘園整理令が出されたことがなかった。
③ 願西が高陽院内親王の権威にすがったときには，院政が展開していた。
④ 鹿子木荘は，寄進地系荘園の一つである。

(2002・B追試)

17 記録荘園券契所の設置

『詳説日本史』p.86

史料
記録荘園券契所の設置

口語訳

この後三条天皇が天皇の位にあったとき、……延久の記録荘園券契所をはじめて設置されたのは、宣旨や官符という証拠書類をもたない荘園が全国に増え、国衙領などの公有地を減らしている状態を、(a)天下の大変な害悪であるとお考えになられたからで、これは、宇治殿(藤原頼通)が権勢をふるっていたとき、「摂関家の領地と称する荘園が諸国に充満して、(b)国司の業務の遂行が困難になった」などという人々の意見を天皇がお聞き入れになり、この考えを用いられたからである。

コノ後三条位ノ御時、……延久ノ記録所トテハジメテヲカレタリケルハ、諸国七道ノ所領ノ宣旨❶・官符❷モナクテ公田ヲカスムル事❸、(a)一天四海ノ巨害ナリトキコシメシツメテ❹アリケルハ、スナハチ宇治殿ノ時、一ノ所❺ノ御領御領トノミ云テ、庄園諸国ニミチテ(b)受領❻ノツトメヘガタシナド云ヲ、キコシメシモチタリケル❼ニコソ。……

(『愚管抄』)

❶天皇の命令を伝える公文書。❷太政官の命令を伝える公文書。❸国衙領など国家の所有となっている土地を横領する。❹(天皇が)ずっとお聞きになっていたので。❺藤原氏の中で摂関をつとめる家。❻国司。❼聞き入れ、用いられた。

❖ 史料の背景とキーワード ❖

後三条天皇が即位したのは、11世紀後半、藤原氏(摂関家)による**摂関政治**の時期であった。摂関政治とは、藤原氏の氏長者が摂政や関白となって、天皇にかわり絶大な権力を握った政治形態である。10世紀末の後一条・後朱雀・後冷泉3代の天皇は、いずれも藤原道長の外孫であった。道長のあとを継いだ**藤原頼通**はこの3天皇の摂政・関白をつとめた。しかし、頼通の娘には皇子が生まれなかったため、摂関家とはやや血縁関係の遠い、後三条天皇が即位した。個性が強かったという天皇は、強力に国政改革に取り組んだ。**記録荘園券契所**を設置し、証拠書類不備の**荘園**を認めないという方針は、最大の荘園領主であった摂関家の利害とも対立するものであった。

演習

問1 宇治殿と呼ばれた藤原頼通が摂政をつとめたのは1017〜19年、関白をつとめたのは1019〜67年である。この間、後一条・後朱雀・後冷泉と3代の天皇の治世であった。後三条天皇と藤原頼通の血縁関係は、後冷泉天皇と藤原頼通の場合と比べてどのようなことがいえるか、説明しなさい。

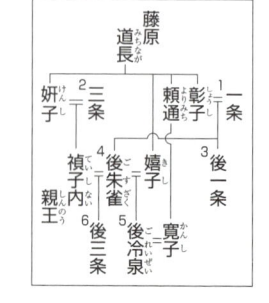

問2　史料の下線部(a)について，後三条天皇が「天下の大変な害悪である」と考えたのは，どのような状態であったからだろうか，口語訳史料から抜き出しなさい。

考察
問　史料の下線部(b)について，この時期の「国司の業務」の内容をふまえ，荘園が増加すると，国司の業務遂行が困難になる理由について説明しなさい。

************ センター試験にチャレンジ ************

▼次の文を読み，下の問いに答えよ。

　後三条天皇は1034年に生まれた。父は後朱雀天皇，母は禎子内親王である。彼は12歳で皇太子となり，1068年にようやく即位した。ながらく天皇になれなかったのは，母が藤原摂関家の出身ではなかったためである。
　かつて倭国の大王（天皇）には成人の王族が就任し，死ぬまでその地位にあった。この慣例は，皇極天皇が孝徳天皇に生前譲位したことで破られ，律令国家の　ア　の制度に受け継がれたが，天皇にはやはり執政能力が求められた。
　即位した後三条は，摂関家の干渉を排して，さまざまな政策を展開した。ところが，彼は5年足らずで退位する。それは病気のためとも，思いどおりの皇位継承を実現するためともいわれる。1073年，後三条は死去した。彼の長男が，8歳の　イ　天皇に譲位して院政をはじめたのは，その13年後のことである。

問1　空欄　ア　・　イ　に入る語句の組合せとして正しいものを，次の①〜④のうちから一つ選べ。
　①　ア―法王　イ―堀河　　②　ア―法王　イ―後一条
　③　ア―上皇　イ―堀河　　④　ア―上皇　イ―後一条

問2　下線部について述べた文として正しいものを，次の①〜④のうちから一つ選べ。
　①　宣旨枡という統一的な枡を定めた。
　②　源頼信に命じて，平忠常の乱を鎮圧させた。
　③　大輪田泊を修築して，海運の便をはかった。
　④　六勝寺の建立を進めた。

（2005・B追試）

18　院政の開始

第Ⅱ部　中世

『詳説日本史』p.88

史料
院政の開始

口語訳

　(a)禅定法王は，後三条天皇が亡くなられてから57年間にわたって一国の政治を動かした。天皇の位につかれていたのが14年，位を譲られてからは43年である。決まりや前例によらず，自分の思いのままに，除目や叙位をおこなわれた。こうしたことは昔から今までなかったことだ。……（法皇の）威厳は国内に満ちて，天下はみな従った。幼い天皇3代のあいだ，政治をとり，斎王となった娘は6人いた。こうしたことは桓武天皇以来まったくなかったことだった。すぐれた徳をもち，長きにわたって政治を動かした方というべきである。ただし，物事の是非と賞罰をはっきりさせ，人の好き嫌いがいちじるしく，恵まれた者とそうでない者の差は明らかだった。(b)特別に優遇された男女も多く，従来の秩序を大きく変えたのである。

　(a)禅定法王❶は，後三条院❷崩後，天下の政をとること五十七年，在位❸十四年，位を避るの後四十三年，意に任せ，法に拘らず，除目・叙位❹を行ひ給ふ。古今未だあらず。……威四海に満ち天下帰服す，幼主三代❺の政をとり，斎王❻六人の親となる，桓武より以来，絶えて例なし。聖明の君，長久の主と謂ふべきなり。但し理非決断❼，賞罰分明❽，愛悪掲焉❾にして，貧富は顕然なり。(b)男女の殊寵多きにより，已に天下の品秩❿破るゝなり。　　　（『中右記』）

❶「禅定」とは仏道に入った者，「法王」は「法皇」のこと。❷後三条天皇。❸天皇の位についていた期間。❹「除目」は官職を任命すること，「叙位」は位階を授けることで，いずれも貴族たちの最大の関心事であった。❺堀河（8歳で即位），鳥羽（5歳で即位），崇徳（5歳で即位）の3代。❻斎宮ともいい，伊勢神宮に奉仕した未婚の内親王。❼道理にかなっていることと，はずれていることをきっぱりと決めること。❽賞と罰をはっきりさせること。❾愛する者と嫌う者を明らかにすること。❿もとになっている秩序。

❀ 史料の背景とキーワード ❀

　白河天皇は，父の後三条天皇にならって親政をおこなったが，1086（応徳3）年，にわかに8歳の堀河天皇に皇位を譲ると，みずからは上皇（院）として，天皇を後見しながら政治の実権を握った。このような政治形態を**院政**という。白河上皇は，やがて法や慣例にこだわらず，専制的な政治をおこなうようになった。院が摂関家をおさえ，荘園整理を断行したことが，国司（受領）たちに支持された理由の一つである。富裕な受領たちは，院の后妃や乳母（授乳や養育の役割をもった女性）の一族などとともに院の周囲に集まり，**院近臣**と呼ばれる一団を形成し，院政を支えた。

演習

問1 史料の下線部(a)の「禅定法王」とは，「仏道に入った法皇」という意味であるが，ここでは誰のことか。

問2 史料の下線部(a)の人物は，誰に天皇の位を譲ったのか。

問3 史料の下線部(a)の人物は，天皇の位を譲ったあとにどのように政治をおこなったか，口語訳史料中の言葉を用いて答えなさい。

考察

問1 史料の下線部(b)の「特別に優遇された男女(男女の殊寵)」とは，院近臣のことをいっているが，具体的にはどのような人たちだったか。

問2 『神皇正統記(じんのうしょうとうき)』では，院政について「天皇はただ形式的に位にいらっしゃるだけになってしまった(在位ノ君又位ニソナハリ給ヘルバカリナリ)」と書いているが，どうして形式的な存在になってしまったのかを説明しなさい。

※※※※※※※※※※※※※※※※※※ センター試験にチャレンジ ※※※※※※※※※※※※※※※※※※

問 次のⅠ～Ⅲについて，古いものから年代順に正しく配列したものを，下の①～⑥のうちから一つ選べ。

Ⅰ　天皇が幼少のときには摂政，成人したのちには関白をおくことが通例となった。
Ⅱ　院の命令を伝える文書や院庁が出す文書が，荘園の認可などの国政に大きな効力をもつようになった。
Ⅲ　天皇の側近として，天皇の命令をすみやかに太政官に伝える蔵人頭が設けられた。

①　Ⅰ―Ⅱ―Ⅲ　　②　Ⅰ―Ⅲ―Ⅱ　　③　Ⅱ―Ⅰ―Ⅲ
④　Ⅱ―Ⅲ―Ⅰ　　⑤　Ⅲ―Ⅰ―Ⅱ　　⑥　Ⅲ―Ⅱ―Ⅰ

(2010・B本試)

第Ⅱ部 中世

19 平氏の繁栄

『詳説日本史』p.92

史料
平氏の繁栄

> **口語訳**
>
> ……本人ばかりでなく(a)六波羅殿の子どもたちも（みな高い地位にのぼり），花族・英雄と呼ばれた名門の貴族たちでさえ，肩を並べられないほどだった。(b)入道相国の小舅（妻の弟）である平大納言時忠卿は(c)「平氏一門でない者は人ではない」とまで言ったという。そのような状況なので，みな何とかして平家と縁故を結ぼうとしたのである。……
>
> 日本全国はわずかに66カ国だが，平家の(d)知行国は30カ国余に達し，過半数を超えている。そのほか，平家がもつ荘園や田畠はどれくらいあるかわからないほどである。平家の邸宅はきらびやかな装いをした貴人で満ちあふれ，まるで花が咲いたようだ。(e)（訪れる貴族や武士たちが乗ってきた）牛車や馬が群集し，門前は市場のようなにぎわいである。(f)（邸宅には）楊州の金，荊州の珠，呉郡の綾，蜀江の錦などの多くの財宝が飾られ，一つも欠けているものはない。……

……(a)六波羅殿❶の御一家の君達といひてしかば，花族も栄耀❷も面をむかへ肩をならぶる人なし。されば(b)入道相国❸のこじうと平大納言時忠卿❹ののたまひけるは，(c)「此一門にあらざらむ人は皆人非人なるべし。」とぞのたまひける。かゝりしかば，いかなる人も相構えて其ゆかりにむすぼゝれむとぞしける。……

日本国秋津嶋は纔に六十六箇国，平家(d)知行の国卅余箇国，既に半国にこえたり。其外庄園田畠いくらといふ数を知ず。綺羅充満❺して，堂上花の如し。(e)軒騎❻群集して，門前市をなす。(f)楊州の金，荊州の珠，呉郡の綾，蜀江の錦❼，七珍万宝一として闕たる事なし。……

（『平家物語』）

❶京都の六波羅に邸宅があったことからそう呼ばれた。❷公家の家格を指す言葉で，摂関家につぐ家柄，清華家ともいう。「栄耀」は「英雄」が正しい。❸「入道」は仏門に入った人，「相国」は太政大臣を指す。❹清盛の妻時子の弟。❺綾絹と薄衣のことで，美しい衣服のたとえ。❻牛車と馬。❼楊州・荊州・呉郡・蜀江はいずれも宋（中国）の都市。それらの名産物をあげている。

✤ 史料の背景とキーワード ✤

平治の乱後，**平清盛**は，後白河上皇を武力で支えて昇進をとげ，1167（仁安2）年には太政大臣となった。その子重盛らの平氏一族もみな高位高官にのぼり，勢威は並ぶものがなくなった。平氏の経済的基盤は**知行国**や**荘園**であり，摂津の**大輪田泊**を修築して瀬戸内海航路の安全を図るなど**日宋貿易**も推進していた。しかし，しだいに排除された旧勢力の反発をまねき，特に1177（治承元）年には後白河法皇の近臣らによる平氏打倒を図る事件（**鹿ヶ谷の陰謀**）が起こった。清盛はこれに対し，1179年に後白河法皇を幽閉し，国家機構をほとんど手中におさめ，1180年にはみずからの拠点である福原京への遷都を図った。しかし，こうした権力の独占は，院や貴族，寺社，源氏などの反対勢力の結集をうながし，平氏の没落を早める結果となった。

演習

問1 史料の下線部(a)の「六波羅殿」と下線部(b)の「入道相国」は同じ人物であるが，誰のことか，答えなさい。

問2 史料の下線部(c)の「平氏一門でない者は人ではない（此一門にあらざらむ人は皆人非人なるべし）」という平大納言時忠卿の言葉は，当時のどのような状況を反映しているか，答えなさい。

問3 史料の下線部(d)の「知行国」とは，上級貴族や有力寺社を知行国主として，これに一国の知行権（支配権）を与え，その国からの収益を得させる制度である。知行国主はみずからが国守にはならずに，子弟や近親者を国守に推挙した。さて，こうした制度はいつから始まったと考えられているか。次の①〜④から選びなさい。
① 奈良時代　　② 平安時代前期　　③ 平安時代後期　　④ 鎌倉時代

考察

問1 史料の下線部(e)に「牛車や馬が群集し，門前は市場のようなにぎわいである（軒騎群衆して，門前市をなす）」とあるが，平家の邸宅に集まってきた人たちの目的は何か，口語訳史料中の言葉を用いて答えなさい。

問2 史料の下線部(f)の「楊州の金，荊州の珠，呉郡の綾，蜀江の錦」などは中国（宋）の物産であるが，それが平家の邸宅にあった理由を説明しなさい。

センター試験にチャレンジ

問 1179年，平清盛は後白河法皇を幽閉したが，その後に清盛がとった行動を述べた文として正しいものを，次の①〜④のうちから一つ選べ。
① 清盛は，奥州の藤原泰衡を攻め滅ぼした。
② 清盛は，この事件で没収した所領に新補地頭を任命した。
③ 清盛は，自身の拠点である福原への遷都を計画した。
④ 清盛は，さかんに造寺造仏を行い，法勝寺を造立した。

(2003・B本試改)

20 御成敗式目

第Ⅱ部　中世

『詳説日本史』p.103

史料
御成敗式目

口語訳

一3　諸国の守護（人）がつとめなければならない任務について
　このことについて(a)右大将家のときに決められたのは、(b)御家人たちによる天皇・院の御所警固の割りふり（大番催促）、朝廷や幕府にそむいた者（謀叛人）や殺人犯（殺害人）や夜盗・強盗・山賊・海賊の取締りの3点である。

一5　諸国の地頭が年貢を抑え留めることについて
　(c)地頭が年貢を手元に留めおいて納めないという荘園領主側からの訴訟があれば、すぐに決算をして荘園領主側からの監査を受けなければならない。

一8　(d)御下文を受けたにもかかわらず、実際に土地を支配することなく年数を経てしまった場合について
　実際に土地を20年支配していたら、(e)大将家の先例によって権利の正当性のいかんにかかわらず、土地支配をやめさせることはしない。……

一23　(f)女性が跡継ぎのために養子をとることについて
　律令の定めでは許されていないが、(e)大将家のころ以来現在まで、子どものない女性が自分の土地を養子に相続させていることは、武士の慣習としてその例は数え切れないほどある。

一3　諸国守護人奉行❶の事
　右、(a)右大将家❷の御時定め置かるる所は、(b)大番催促❸・謀叛・殺害人付たり夜討・強盗・山賊・海賊等の事なり。

一5　諸国地頭、年貢所当❹を抑留せしむる事
　右、(c)年貢を抑留するの由、本所の訴訟有らば、即ち結解❺を遂げ勘定を請くべし。

一8　(d)御下文❻を帯すと雖も知行❼せしめず、年序❽を経る所領の事
　右、当知行の後、廿ケ年を過ば、(e)大将家の例に任せて理非を論ぜず改替❾に能はず。
……

一23　(f)女人養子の事
　右、法意の如くば❿これを許さずと雖も、(e)大将家御時以来当世に至るまで、其の子無きの女人等、所領を養子に譲り与ふる事、不易の法⓫勝計すべからず⓬。

❶職務として遂行すべき事柄。❷右近衛大将になった人。❸御家人に課せられる京都警備の義務。❹年貢と同じ。❺決算。❻幕府が出す所領支配の証明。❼実際に支配すること。❽一定の年数。❾役職をやめさせること。❿律令の定めによれば。⓫後世に変わらぬ法。ここでは武士の慣習を指す。⓬数え切れない。

❋ 史料の背景とキーワード ❋

承久の乱後の鎌倉幕府は、3代執権**北条泰時**の指導のもとに発展の時期を迎えた。**執権**を補佐する**連署**や、有力な御家人や政務にすぐれた御家人からなる**評定衆**をおいて、合議制に基づく政治をおこ

なった。1232（貞永元）年には，御成敗式目（ごせいばいしきもく）51カ条を制定して，広く御家人たちに示した。この式目は源頼朝（よりとも）以来の先例や，武士社会の慣習に基づいて，守護や地頭の任務と権限を定め，御家人同士や御家人と荘園領主とのあいだの紛争を裁く基準を明らかにしたもので，武家の最初の整った法典となった。

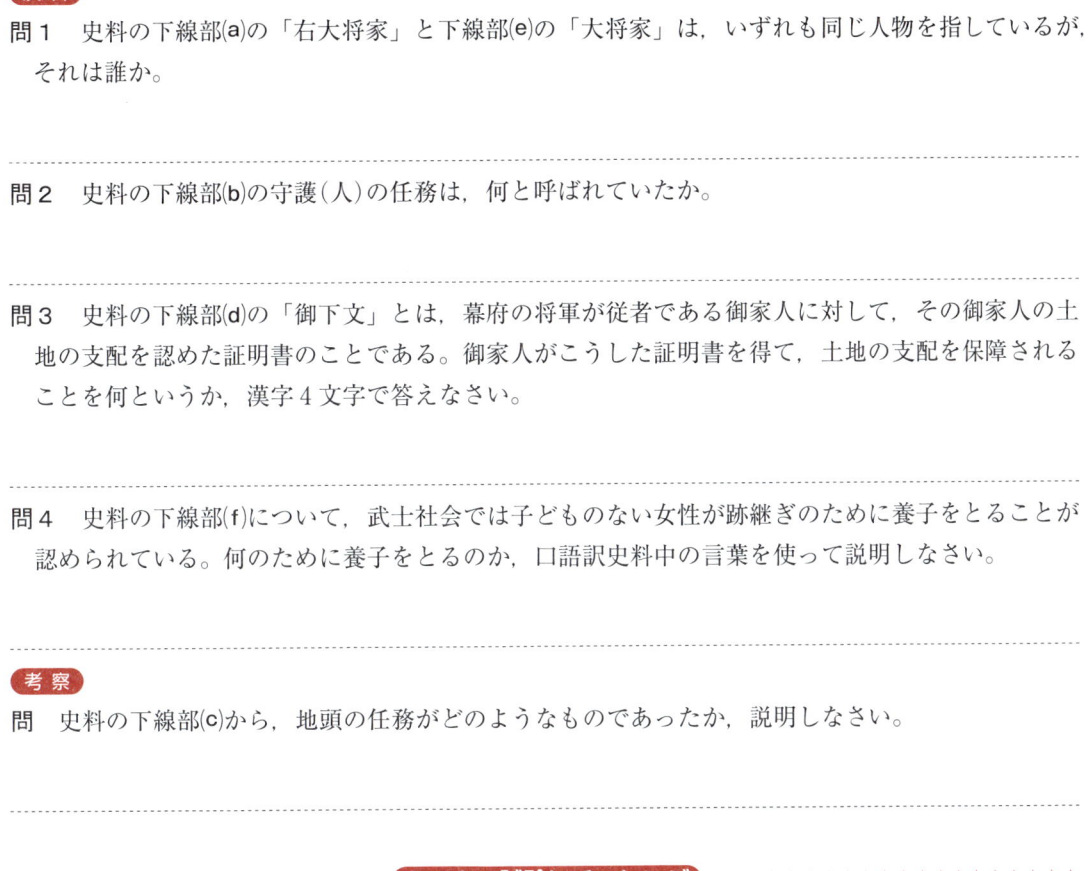

演習

問1 史料の下線部(a)の「右大将家」と下線部(e)の「大将家」は，いずれも同じ人物を指しているが，それは誰か。

問2 史料の下線部(b)の守護(人)の任務は，何と呼ばれていたか。

問3 史料の下線部(d)の「御下文」とは，幕府の将軍が従者である御家人に対して，その御家人の土地の支配を認めた証明書のことである。御家人がこうした証明書を得て，土地の支配を保障されることを何というか，漢字4文字で答えなさい。

問4 史料の下線部(f)について，武士社会では子どものない女性が跡継ぎのために養子をとることが認められている。何のために養子をとるのか，口語訳史料中の言葉を使って説明しなさい。

考察

問 史料の下線部(c)から，地頭の任務がどのようなものであったか，説明しなさい。

＊＊＊＊＊＊＊＊＊＊＊＊＊＊＊＊＊＊＊＊ センター試験にチャレンジ ＊＊＊＊＊＊＊＊＊＊＊＊＊＊＊＊＊＊＊＊

問 武士たちの勢力が強まると，各地で紛争が生じ，それらの解決をはかるために，鎌倉幕府は裁判の基準となる法令を定めたが，この法令が定められた理由に関して述べた文の次のa～dについて，正しいものの組合せを，下の①～④のうちから一つ選べ。

a　田畑の等級・面積を調査し，年貢収入を確保するために定められた。
b　御家人同士や御家人と荘園領主などとの紛争解決のために定められた。
c　守護・地頭の任務・権限を規定するために定められた。
d　御家人所領の売買を禁止し，売却地を無償で取り戻させるために定められた。

① a・c　　② a・d　　③ b・c　　④ b・d

(2009・B本試)

21　式目制定の趣旨——北条泰時書状

『詳説日本史』p.103

史料
式目制定の趣旨——北条泰時書状

> **口語訳**
> 　さて，この式目は何を根拠としてつくったのかと，(a)きっと悪くいって非難する人もあるだろう。たしかに，さほどの法律上の原典によっているわけではなく，ただ道理の指し示すことをまとめたのである。……この式目は(b)(漢字は読めないが)ただ仮名だけはわかる者たちが世間には多いように……武家の人に役立つように定めたものである。これによって京都の朝廷の御裁断や律令の規定が少しも変更されるものではない。……

　さてこの式目をつくられ候事は，なにを本説❶として注し載せらるるの由，(a)人さだめて謗難❷を加ふる事候か。ま事にさせる本文❸にすがりたる事候はねども，たゞどうり❹のおすところを記され候者也。……この式目は(b)只かな❺をしれる物の世間におほく候ごとく，……武家の人へのはからひのためばかりに候。これによりて，京都の御沙汰❻，律令のおきて，聊もあらたまるべきにあらず候也。……

❶根拠。❷そしり非難すること。❸典拠。ここでは「本説」と同じ意味で使っている。❹「どうり」＝道理。ここでは，武士社会の慣習・道徳のこと。❺仮名文字。❻朝廷の決定・裁定。

✻ 史料の背景とキーワード ✻

　御成敗式目は，1232(貞永元)年に広く御家人に示され，武家の最初の整った法典となった。要旨は，(1)武士社会における生活の倫理である「道理」と，源頼朝以来の先例に基づいて制定されたこと，(2)公平な裁判をおこなうことを目的として制定されたこと，(3)教育のない武士にもよくわかるような内容にしたこと，(4)幕府の勢力範囲のみに適用し，朝廷の政治や律令の系統をもつ公家法を否定するものではないこと，などである。

　この史料は，3代執権**北条泰時**が，六波羅探題北条重時に送った書状である。六波羅探題は，1221年の承久の乱後に，朝廷の監視，京都の内外の警備，および西国の統轄などを任務とした幕府の機関であり，この書状は，式目制定の趣旨を朝廷側に周知することも想定していたと考えられる。なお，泰時は，1221年の**承久の乱**では幕府軍を率いて上京し，後鳥羽上皇方を破ったのちも京都にとどまって戦後処理にあたった。こうした初代六波羅探題としての経験から京都の情勢にも通じていた。1224年の父義時の死後，鎌倉に戻って執権となり，連署や評定衆を新設するなど**執権政治**の確立につとめた。

演習

問1　御成敗式目が制定される10年ほど前に，後鳥羽上皇が鎌倉幕府打倒のために兵乱を起こして敗れたが，この兵乱のことを何というか。

問2　史料の下線部(a)に「きっと悪くいって非難する人もあるだろう（人さだめて謗難を加ふる事候か）」とあるが，北条泰時は誰からの非難を予想していたのか，次のア～オから選びなさい。
　ア　将軍　　　イ　北条氏以外の御家人　　　ウ　御家人以外の武士
　エ　貴族　　　オ　六波羅探題の部下

問3　史料の下線部(b)の「ただ仮名だけはわかる者たち（只かなをしれる物）」とはどのような人のことか，口語訳史料中の言葉で答えなさい。

問4　この史料から，当時の京都の朝廷が根拠としていた法典は何だったとわかるか，口語訳史料中の言葉で答えなさい。

問5　御成敗式目の制定に先立つ1225年に，合議制に基づく政治を進めるために北条泰時が設置し，政務の処理や裁判にあたった役職は何か。

考察

問　御成敗式目は，当初，幕府の勢力範囲を対象としたものであったが，その後はどうなっていくか，次の①～④から選びなさい。
　①　公家法や本所法が効力をもっていたので，全国的には適用されなかった。
　②　幕府の勢力範囲では適用されたが，やがて適用されなくなった。
　③　鎌倉幕府の滅亡まで，幕府の勢力範囲のみで適用された。
　④　幕府の勢力拡大に伴い，その適用する範囲は広がっていった。

センター試験にチャレンジ

問　御成敗式目について述べた次の文X・Yについて，その正誤の組合せとして正しいものを，下の①～④のうちから一つ選べ。
　X　頼朝以来の先例や，当時の武士たちの間で重視されていた道理にもとづいて制定された。
　Y　律令や公家法を否定すべきものとして制定された。
　①　X―正　Y―正　　②　X―正　Y―誤
　③　X―誤　Y―正　　④　X―誤　Y―誤

(2012・B本試)

第Ⅱ部 中世
22 紀伊国阿氐河荘民の訴状

『詳説日本史』p.111

史料
紀伊国阿氐河荘民の訴状

口語訳

阿氐河荘上村の百姓らが謹んで申し上げます。
一 (年貢である)御材木の(納入が遅れている)ことでございますが，地頭が京都に上るのだとか，近くでの人夫役だとかを申して，このように人夫が地頭の方で酷使されますので，(材木を運び出す)労力と時間がないのでございます。(地頭に使われずに)わずかに残った人夫を，山から材木を運び出すために出発させると，(地頭が)逃亡した農民の跡の耕地に麦を蒔けといって追い戻してしまいます。「お前たちがこの麦を蒔かないと，妻子どもを捕らえて，耳を切り，鼻をそぎ，髪を切って坊主頭にして，縄でしばって折檻するぞ」と(地頭が脅して)厳しく責め立てるので，御材木の納入はますます遅れてしまったのでございます。

阿テ河ノ上村百姓ラツヽシテ言上（謹ン脱落）ごんじょう
一 ヲンサイモク❶ノコト，アルイワチトウ❷ノキヤウシヤウ❸，アルイワチカフ❹トマウシ，カクノコトクノ人フヲ，チトウノカタエセメツカワレ候ヘバ，ヲマヒマ候ワス候。ソノヽコリ，ワツカニモレノコリテ候人フヲ，サイモクノヤマイタシ❺エ，イテタテ候エバ，テウマウノアト❻ノムキマケト候テ，ヲイモトシ候イヌ。ヲレラ❼カコノムキマカヌモノナラバ，メコトモ❽ヲヲイコメ，ミヽヲキリ，ハナヲソキ，カミヲキリテ，アマニナシテ，ナワホタシ❾ヲウチテ，サエナマン❿ト候ウテ，せメせンカウ⓫せラレ候アイダ，ヲンサイモクイヨ━━ヲソナワリ候イヌ。
　　　　　　　　　　　　　　　　　　　　　　　　　　　　　　　（高野山文書）

> ❶阿氐河荘では材木がおもな年貢であった。❷地頭は湯浅宗親。❸京都大番役勤仕などのために京都へ上ること。このとき，農民が人夫として徴発された。❹近所で使役される人夫役。「チ」を「ケ」の誤りとみて，「下向(京都から所領に下ること)」と読む説もある。❺山から材木を切り出して集積地に集めること。❻逃亡した農民が残した耕地。❼おまえら。❽女たち。または妻子。❾縄でしばって。❿折檻する。虐待する。⓫責め立てること。あるいは厳しく取り調べること。

❈ 史料の背景とキーワード ❈

承久の乱以降，地頭による農民への不当な支配(過度の収奪や夫役の賦課)や，荘園領主権の侵害などの**荘園侵略**(非法)が急増した。1275(建治元)年，紀伊国阿氐河荘上村の農民らは，地頭湯浅宗親の非法を荘園領主に訴え出た。阿氐河荘は山間部にあり，主要な**年貢**は材木であった。阿氐河荘上村の農民らは，地頭湯浅氏が夫役の賦課など農民を過酷に支配することに対し，これでは荘園領主に納めるべき材木が納められなくなると訴えている。農民はこうした地頭や荘園領主の収奪に対して，訴願(**強訴**)や逃亡による耕作放棄(**逃散**)といった抵抗のほか，やがては武装して抵抗(土一揆)するようにもなっていく。

演習

問1 農民は荘園領主と地頭に対して，それぞれ負担を負っていた。次の(1)・(2)について，口語訳史料から読み取れるものを答えなさい。

(1) 阿氐河荘上村の農民が，荘園領主に対して負っていた負担は何か。

(2) また，地頭に対しては，どのような負担を負っていたか。

問2 地頭はどのような言葉を用いて，農民たちを脅迫して従わせようとしたか，口語訳史料から抜き出しなさい。

考察

問 史料の下線部について，農民たちは材木の納入が遅れている理由をどう説明しているか，口語訳史料を読んで答えなさい。

****************** センター試験にチャレンジ ******************

▼次の文を読み，下の問いに答えよ。

　荘園公領制下の百姓の負担は年貢（本年貢）・公事などだが，鎌倉時代には，地頭のいる荘園では，これらの負担の取り分をめぐって地頭と荘園領主との紛争が頻繁にみられた。

問 下線部に関して述べた文として誤っているものを，次の①〜④のうちから一つ選べ。
① 地頭の所領は東国に限定されていたため，地頭と荘園領主の紛争が西国の荘園で起こることはなかった。
② 地頭と荘園領主の紛争を解決するために，荘園の土地を分割する下地中分が行われることもあった。
③ 荘園領主のなかには，地頭請によって一定額の収入を確保しようとするものもいた。
④ 百姓が地頭の非法を訴えた文書を，荘園領主に提出することもあった。

(1999・B追試)

23 永仁の徳政令

第Ⅱ部　中世

『詳説日本史』p.112

史料
永仁の徳政令

口語訳

一　質流れになったり，売買されたりした所領の事
　　所領を質に入れて流したり，売却したりすることは，御家人らが困窮する原因である。今後は，所領の質入れや売買を<u>禁止する</u>。これまでに売却した分については，売った元の所有者（御家人）が領有せよ。ただし，新たな所有者が御家人で，所領の権利を認定した将軍家の下文や下知状を給わっていたり，その支配が20年を経過したりしたものについては，公領・私領にかかわりなく，今さら現状を変更することはできない。……
　　次に，御家人以外の武士や庶民が質流れによって得た土地や買った土地については，20年の年限を経過していたとしても，売主(の御家人)が知行しなさい。
　　　永仁5（1297）年7月22日

一　質券売買地❶の事
　　右，所領を以て或は質券に入れ流し，或いは売買せしむるの条，御家人等侘傺❷の基なり。向後❸に於ては，停止❹に従ふべし。以前沽却❺の分に至りては，本主領掌❻せしむべし。但し，或いは御下文・下知状❼を成し給ひ，或いは知行廿箇年❽を過ぐるは，公私の領を論ぜず，今更相違有るべからず。……
　　次に非御家人❾・凡下の輩❿の質券買得地の事。年紀を過ぐ⓫と雖も，売主知行せしむべし。
　　　永仁五年七月廿二日
　　　　　　　　　　　　　　　　　　　　　　　　（東寺百合文書）

❶質入れや，売買した土地。「質券」は，本来は質契約の証書の意だが，ここでは質流れとなり他人の手に渡っている田地のこと。❷失意困窮すること。❸今後。❹禁止。❺売却。❻領有して支配すること。❼幕府（将軍）が土地の譲渡・売却を正式に認めて発行した公文書。❽20年実際に支配している所領は占有者のものになるという年紀法による。❾御家人ではない武士。❿一般の民衆。庶民。⓫知行20カ年と同じ。取得時効20年。

❀ 史料の背景とキーワード ❀

　鎌倉時代後期になると，御家人は**分割相続**による所領の細分化や，**貨幣経済**の進展により窮乏していった。さらに，**蒙古襲来**による負担や**恩賞の不足**が拍車をかけ，窮乏のために所領を質入れしたり売却したりして，御家人役をつとめられない御家人が増加した。
　永仁の徳政令では，御家人所領の一切の売買・質入れ・質流しを禁止するとともに，買主が御家人の場合，20年を経過した所領は売主も取り戻せない(この規定を年紀法という)が，買主が御家人でない土地は何年たっていようが，返還させることができると規定された。永仁の徳政令は御家人救済策であったが，効果は一時的であった。

> **演習**

問1　永仁の徳政令が発布されたときの執権(得宗)は誰か。

問2　史料の下線部で禁止しているのは、どのような行為か。

問3　この当時の政治体制は「得宗専制政治」と呼ばれているが、これについて説明しなさい。

問4　永仁の徳政令は、所領の売買を禁止しているが、これまでに売却した所領についてはどのように扱うことにしたか、説明しなさい。

> **考察**

問　永仁の徳政令は、困窮する御家人を救済する目的で発布されたが、御家人が困窮する原因にはどのようなものがあったか。3つあげて説明しなさい。

① 　　　　　　　　　　　　　　　②

③

************************ **センター試験にチャレンジ** ************************

問　永仁の徳政令に関連して述べた文として正しいものを、次の①〜④のうちから一つ選べ。
① この法が出されたのは、幕府が得宗専制政治を行っていた時期である。
② この法の目的は、売却された御家人領を有償で買い戻させることにあった。
③ 御家人の所領相続形態は、この法を契機にして、次第に単独相続から分割相続へと移行していった。
④ 徳政令と民衆とのかかわりは室町時代に強まり、足利義満が将軍職を退いた直後に正長の土一揆が起こった。

(2001・B本試)

24 悪人正機──『歎異抄』

『詳説日本史』p.114

史料
悪人正機──『歎異抄』

口語訳

「(寺院や仏像をつくったり，修行に励んだりして，自分の力で極楽浄土に行けるようにつとめている)善人でさえも浄土に行くことができるので，まして(煩悩が深く，仏教的善行を積むことができない)悪人が浄土に行けないはずがない。それなのに，世間の人はいつも『悪人でさえ浄土に行けるのだから，まして善人が浄土に行けるのはいうまでもない。』と言っている。この考えは，一応は道理にかなっているようにみえるが，実は阿弥陀仏の本願他力の趣旨に背いている。その理由は，自分の力により善行を積むことができる人は，ひたすらに阿弥陀仏の力にすがる気持ちが欠けているため，阿弥陀仏の本来の救いの対象ではないからである。……煩悩にまみれた我々が，どのような修行をしたところでこの世において死んでは生まれかわることを無限に繰り返す輪廻の苦しみから離脱できないのを，阿弥陀仏が哀れんで下さって，浄土に迎えようという誓いを立てられたのは，悪人を仏とするためであるから，この阿弥陀仏の他力におすがりしようとする悪人こそは，浄土に行くのにもっともふさわしい者なのである。それゆえに，善人でさえ浄土に行けるのであるから，まして悪人が(浄土へ行けないはずがない)」と親鸞聖人は仰せられた。

「善人なをもちて往生をとぐ，いはんや悪人をや。しかるを，世のひとつねにいはく，『悪人なを往生す，いかにいはんや善人をや』と。この条，一旦そのいはれあるにゝたれども，本願他力❶の意趣にそむけり。そのゆへは，自力作善❷の人は，ひとへに他力をたのむこゝろかけたるあひだ，弥陀の本願にあらず。……煩悩具足❸のわれらは，いづれの行にても生死をはなるゝことあるべからざるを哀たまひて，願をゝこしたまふ本意，悪人成仏のためなれば，他力をたのみたてまつる悪人，もとも往生の正因❹なり。よりて善人だにこそ往生すれ，まして悪人は」と仰さふらひき。

❶阿弥陀仏の救いを信じ念仏をとなえれば，どのような悪人をも助けて往生させるという阿弥陀仏本来の願いのこと。これは，阿弥陀仏がすべての人々を救おうとして立てた48の誓いのうち第18番目の誓いでもっとも根本の願いとされ，本願といわれる。❷寺院や仏像をつくったり修行をしたりするなど，自分の力で往生のための善行をなし得る人。善人と同じ意味。❸心身を煩わせるあらゆる欲望や悩みを抱えていること。❹もっとも正しい条件。

❖ 史料の背景とキーワード ❖

親鸞は比叡山で学んだのち，専修念仏の教えを説く法然の門に入った。旧仏教勢力が朝廷を動かして，法然は土佐に，親鸞は越後に配流された。許されたあと，親鸞は師の考えをいっそう徹底し，煩悩の深さを自覚している悪人こそが善人にもまして阿弥陀仏による救いの対象であるという**悪人正機説**を説いた。この教えにより，それまで罪深いとされ救いの対象とされなかった人々にも救いの道が開かれ，農民や漁師・猟師・商人・地方武士などの庶民のあいだに教えが広がり関東での念仏者は増加した。親鸞没後，門弟たちが親鸞を開祖とする**浄土真宗**(一向宗)と呼ばれる教団として発展させて

いった。

> [!演習]
> 問1　この史料は唯円が自分の師の教えを書き記したものであるが，唯円の師とは誰か，答えなさい。

> 問2　この史料で，「善人」が阿弥陀の本来の救いの対象ではないといっているのはなぜか。口語訳史料から抜き出しなさい。

> [!考察]
> 問　親鸞の教えは，どのような社会階層のあいだに広がっていったか，その理由もあわせて説明しなさい。

****************** センター試験にチャレンジ ******************

▼次の文を読み，下の問いに答えよ。

　鎌倉時代の仏教については，「新仏教」を中心にとらえる見方と，「旧仏教」を中心にとらえる見方がある。前者では，政治権力と結びつき退廃した「旧仏教」に代わり，内面的な信仰を重視し，真の民衆救済をめざす新たな仏教が生まれたとし，法然・親鸞・日蓮らの活動に注目する。一方，後者では，依然として，仏教界の中心勢力は，朝廷や幕府と結びつき，多くの荘園を有していた東大寺・興福寺・延暦寺など「旧仏教」の寺院だとする。また，「旧仏教」が行う祈禱などは荘民らにも広く受け入れられ，逆に「新仏教」の社会的な広がりは限られていたという。

問　下線部に関連して，彼らの宗教活動と政治権力とのかかわりに関して述べた次の文X・Yについて，その正誤の組合せとして正しいものを，下の①～④のうちから一つ選べ。
　X　法然の弟子で，『選択本願念仏集』を著した親鸞は，朝廷により配流された。
　Y　南無阿弥陀仏の題目を唱えれば救われると説いた日蓮は，鎌倉幕府により迫害された。
　①　X―正　Y―正　　②　X―正　Y―誤
　③　X―誤　Y―正　　④　X―誤　Y―誤

(2013・B本試)

25 二条河原落書

『詳説日本史』p.122

史料
二条河原落書

> **口語訳**
>
> 近頃京都で流行しているものは，夜討，強盗，偽りの綸旨。囚人や急使の早馬，大したことでないのに起きる騒ぎ。斬られたばかりの首，俗人に戻る僧侶，勝手に出家する俗人。急に大名に出世する者，逆に路頭に迷う者，本領安堵や恩賞を目当てに実際はしてもいないのに戦をしたと主張する者。所領を没収され訴訟を起こす者。証拠書類の入った細葛を背負って本領を離れてやって来る者。おべっかを使う者，人をそしって訴える者，政治に関与する禅僧や律僧。下剋上をして成り上がった者。能力の有無も考えず，誰彼となく任用する雑訴決断所。つけ慣れない冠や高級な衣装を着て，持ち慣れない笏を持っている者が，内裏で交際するのも珍しい。……誰が師匠だということもなく，小笠懸が流行しているが，これも新しい風情だ。京都の公家風と鎌倉の武家風をごちゃまぜにし，全員の調子がそろわない怪しげな連歌会。いたるところでおこなわれる歌詠みの連歌会では，誰もが判定者になるといった具合だ。

　此比都ニハヤル物。夜討，強盗，謀綸旨❶。召人，早馬，虚騒動。生頸，還俗❷，自由出家❸。俄大名，迷者，安堵，恩賞，虚軍❹。本領ハナル、訴訟人。文書入タル細葛。追従，讒人，禅律僧❺。下克上スル成出者。器用ノ堪否❻沙汰モナク。モル、人ナキ決断所。キツケヌ冠上ノキヌ。持モナラハヌ笏❼持テ。内裏マジハリ珍シヤ。……誰ヲ師匠トナケレドモ。遍ハヤル小笠懸❽。事新シキ風情ナリ。京鎌倉ヲコキマゼテ。一座ソロハヌエセ連歌。在々所々ノ歌連歌。点者❾ニナラヌ人ゾナキ。
（『建武年間記』）

❶綸旨は，天皇の意志を側近で仕える蔵人が承って伝える文書。❷僧から俗人に戻ること。❸主人の許可を得ないで僧になること。❹戦いもしないのに，戦いをしたと偽ること。❺後醍醐天皇の側近として権勢をふるい，政務に介入した禅僧や律僧。❻能力の有無。❼礼服を着用したときに右手に持つ細長い板。❽馬に乗って四寸四方の板の的を短い射程距離から射る競技。❾作品の優劣を判断して評点をつける人。

❋ 史料の背景とキーワード ❋

後醍醐天皇は鎌倉幕府滅亡後，幕府も院政も摂政・関白も廃して天皇親政の政治を復活した。翌年，年号を建武と改めたので，この政治を**建武の新政**という。しかし，現実には鎌倉幕府のつくり上げた制度を無視することができず，中央には**記録所**と並んで幕府の引付を踏襲した**雑訴決断所**などを設置し，諸国には国司と守護とを併置した。また，すべての土地所有権の確認は天皇の**綸旨**を必要とする趣旨の法令を打ち出した。こうした新政策は，それまでの武家社会の慣習を無視していたため，武士の不満と抵抗を引き起こした。また，にわかづくりの政治機構と内部の複雑な人間関係が，政務の停滞や社会の混乱をまねき，人々の信頼を失った。

演習

問1 建武政権で所領関係の裁判を扱った機関の名称を口語訳史料から抜き出しなさい。

問2 下の者の力が上の者の力をしのいでいくことを何というか，その言葉を口語訳史料から抜き出しなさい。

考察

問 史料では下線部の偽りの綸旨（謀綸旨）が横行したと述べているが，綸旨とは天皇の意志を伝えた文書である。この時期に偽の綸旨が多く出されるほど綸旨の重要性が高まったのはなぜか，説明しなさい。

――――――――――― センター試験にチャレンジ ―――――――――――

▼次の文を読み，下の問いに答えよ。

　1333年に鎌倉幕府が打倒された後，<u>後醍醐天皇</u>によって京都に樹立された政権に対し，1335年，足利尊氏が反旗をひるがえした。翌年に京都を制圧した尊氏は，当面の政治方針である建武式目を制定した。（以下略）

問　下線部に関して述べた次の文X～Zについて，その正誤の組合せとして正しいものを，下の①～④のうちから一つ選べ。

　X　この政権で，記録所がはじめて設置された。
　Y　この政権が置いた雑訴決断所は，所領関係の裁判を扱った。
　Z　この政権の樹立後も，それまでの守護制度が廃止されることはなかった。

　① X―正　Y―正　Z―誤　　② X―正　Y―誤　Z―誤
　③ X―誤　Y―正　Z―正　　④ X―誤　Y―誤　Z―正

(2007・B本試)

26 半済令

第Ⅱ部 中世

『詳説日本史』p.123

史料
半済令

口語訳
一　寺社・公家の荘園や公領に関すること。観応3(1352)年7月24日……次に近江・美濃・尾張三カ国の寺社・公家の荘園や公領の半分を兵粮料所として、今年に限り守護の軍勢に年貢を徴収させることとして、守護に通知した。残りの半分は、荘園や公領の領主に渡しなさい。……

一　寺社本所領❶の事　観応三・七・廿四御沙汰……次に近江・美濃・尾張三ヶ国の本所領半分の事、兵粮料所❷として、当年一作、軍勢❸に預け置くべきの由、守護人等に相触れ訖んぬ。半分に於いては、宜しく本所に分かち渡すべし。……　　　　　　（『建武以来追加』）

❶本所とは荘園領主のうち荘務権をもった領主のこと。寺社本所領とは、地頭が設置されず寺社や公家などの本所が支配する荘園や公領のこと。❷兵粮米徴収にあてるように指定された所領。兵粮（米）とは兵士の食糧のこと。❸ここでは守護の軍勢を指す。

❋ 史料の背景とキーワード ❋

南北朝の動乱の中、幕府は地方武士を動員するために、**守護**の権限を拡大した。特に**半済令**は、軍事費調達のために一国内の荘園や公領の年貢半分の徴収権を守護に認めたもので、当初は地域を限定して1年限りであったが、やがて全国的に、永続的におこなわれるようになった。守護はこれらの権限を利用して荘園や公領を侵略し、国内の武士を統制下に繰り入れた。また、荘園や公領の領主が守護に年貢徴収を請け負わせる**守護請**もおこなわれた。一国全体におよぶ支配権を確立するものもおり、このような守護を**守護大名**と呼ぶ。

演習

問1　史料の下線部の近江・美濃・尾張は、それぞれ現在の何県か、答えなさい。

近江：　　　　　　　　美濃：　　　　　　　　尾張：

問2　この法令で3カ国の荘園の年貢の半分を守護が徴収してよいとされたが、守護は徴収した年貢をおもに何にあてたか、答えなさい。

考察

問1　半済令は、守護が地方武士を統制下に繰り入れるための役割を果たしたと考えられるが、守護はどのようにして、地方武士を統制下に繰り入れたのか、説明しなさい。

問2 この法令と同様のものが応安元(1368)年にも発せられているが、以下の史料(口語訳)を読んで、観応3(1352)年のものとの違いを説明しなさい。

　　天皇家の荘園、地頭のおかれていない寺社の荘園、摂関家の荘園などは、ほかの荘園と異なるものなので、半済をしてはならない。……それ以外の荘園に関しては、しばらくのあいだ、土地を半分に分けて、守護がその土地を荘官から預かり、支配をおこなってよい。

**************************　センター試験にチャレンジ　**************************

▼次の文を読み、下の問いに答えよ。

　室町幕府は、地方支配のため、鎌倉幕府以来の守護を置いたが、(a)その権限は、南北朝動乱の過程で、大幅に拡大されていった。守護はこれらの権限を利用して荘園や公領を侵略し、国人などの武士たちに分配して家臣化を進めた。また、従来の国衙の機能もしだいに守護のもとに吸収され、任国内に独自に　ア　を賦課することもあった。守護のなかには、一族で複数の守護を占めるものもあり、領国支配を強めて大きな権力をもつ者も現れた。

　しかし国人などの武士のなかには、自立的で、守護権力に抵抗した者も多かった。幕府は、国人や古くからの足利氏家臣、守護の一族などを奉公衆という直轄軍に編成し、京都において将軍を護衛させる一方、諸国に散在する将軍直轄領である　イ　の管理をゆだね、守護の動向を牽制させた。

問1　空欄　ア　・　イ　に入る語句の組合せとして正しいものを、次の①〜④のうちから一つ選べ。
① アー分一銭　イー関東御分国
② アー分一銭　イー御料所
③ アー段銭　　イー関東御分国
④ アー段銭　　イー御料所

問2　下線部(a)について、この時代の守護の権限や行ったこととして誤っているものを、次の①〜④のうちから一つ選べ。
① 任国内の耕作地面積や収穫高などを把握するために指出検地を行うこと。
② 所領紛争などについて、幕府の裁判の判決を強制執行すること。
③ 田地をめぐる紛争で、一方的に作物を刈り取る実力行使を取り締まること。
④ 荘園や公領の年貢徴収を請け負うこと。

(2008・B本試)

27 惣掟

第Ⅱ部　中世

『詳説日本史』p.131

史料
惣掟

口語訳

今堀の村の運営のための掟を定める
延徳元(1489)年11月4日の寄合で決定した。
一3　薪・炭は，惣のものを焚くこと。
一5　惣から屋敷を借りて，村人の身分をもたない者を住まわせてはならない。
一7　身元保証人のいないよその者を，住まわせてはならない。
一8　惣の土地と私有地との境界争いは，金銭で解決すること。
一9　惣の森の樹木や葉をとった者が，村人の場合は村人の身分を剥奪すること。村人でない者は，村から追放すること。
一16　家を売った者から，売却代金100文につき3文ずつ，1貫文につき30文ずつ惣に納めること。この定めに背いた村人は，座の構成員から抜くこと。
一17　家を売った代金を隠した者は，起請文で，今後違反しないことを誓わせること。
一20　堀より東を屋敷にしてはならない。

定　今堀地下掟❶の事
合　延徳元年己酉十一月四日
一3　薪・すみ(炭)は，惣のをたく(焚)べし。
一5　惣より屋敷請候て，村人にて無物(者)置くべからざる事。
一7　他所之人を地下に請人❷候わで，置くべからず候事。
一8　惣の地と私の地と，さいめ相論は，金にてすますべし。
一9　惣森❸にて青木は葉かきたる物(者)は，村人は村を落すべし。村人にて無物は地下をはらうべし。
一16　家売たる人の方より，百文には三文ずつ，壱貫文には卅(三十)文ずつ，惣へ出すべき者なり。この旨を背く村人は，座❹をぬくべきなり。
一17　家売たる代，かく(隠)したる人をば，罰状❺をすべし。
一20　堀より東をば，屋敷にすべからず者なり。

(今堀日吉神社文書)

❶村の運営のため自治的に定めた掟。地下とは村のこと。❷身元保証人。❸惣として所有する森。❹十禅師権現社(日吉神社)の宮座。❺今後違反しないことを誓わせた起請文。

❀ 史料の背景とキーワード ❀

　南北朝の動乱の中で，近畿地方やその周辺の荘園や公領には，いくつかの村が自然発生的に生まれるようになった。農民たちは，このような村を自立的・自治的に運営するようになった。このような村を**惣**(**惣村**)という。惣村は，**寄合**という村民の会議の決定に従い，おとな(長・乙名)・沙汰人などの指導者によって運営された。村民はみずからが守るべき規約である**惣掟**(**村法・村掟**)を定め，警察権を行使する地下検断(自検断)をおこなった。また，農業に必要な山や野原などの共有地(**入会地**)を

確保したり，灌漑用水の管理をしたりした。また，領主へ納める年貢などを惣村で一まとめにして請け負う**地下請（村請・百姓請）**もおこなった。

演習

問1　史料の下線部は，惣村の共有地であり，惣の農民たちがそこから木や草をとっていた。このような共有地を何というか。

問2　惣村の意思決定をおこなった会議を何というか。

問3　惣村の運営に必要な費用をまかなうために，村民に対して独自の税を課すことがあった。この掟では，家を売った場合，惣に対していくら納めることになっていたか，答えなさい。

考察

問　この時代には，争いごとは力で解決する「自力救済」が一般的であったが，この史料には，惣村内のもめごとを力の争いにしないための規定がある。それは，どのような規定か，口語訳史料から抜き出しなさい。

センター試験にチャレンジ

問　中世の惣村における神社や祭礼に関した述べた次の文X〜Zについて，その正誤の組合せとして正しいものを，下の①〜④のうちから一つ選べ。
X　神社の祭礼行事の組織として宮座が結成された。
Y　人々は鎮守の神社などに集まって，太占によって結束を誓った。
Z　神社の祭礼行事は寺社奉行によって決定された。
①　X—正　Y—正　Z—誤　　②　X—正　Y—誤　Z—誤
③　X—誤　Y—正　Z—正　　④　X—誤　Y—誤　Z—正

（2008・B本試）

28 正長の徳政一揆

第Ⅱ部　中世

『詳説日本史』p.133

史料
正長の徳政一揆

> **口語訳**
> 正長元(1428)年九月　日，一天下の(a)土民が蜂起した。「徳政だ。」といって，酒屋・土倉・寺院などを襲って略奪をし，(b)担保となっていた物品を奪い，借金の証文などを破り捨てた。(c)管領がこれを鎮圧した。国を破滅させることとしてこれ以上のことはない。日本が始まって以来，土民が蜂起したのははじめてのことである。

> 正長元年九月　日，一天下の(a)土民蜂起す。徳政と号し，酒屋，土倉，寺院等を破却せしめ，(b)雑物等恣にこれを取り，借銭等悉これを破る。(c)管領これを成敗す。凡そ亡国の基，これに過ぐべからず。日本開白❶以来，土民蜂起是れ初めなり。　　　（『大乗院日記目録』）
> ❶開闢，（国の）始まり。

❁ 史料の背景とキーワード ❁

　15世紀中頃になると近畿地方を中心に**土一揆**がひんぱんに発生するようになった。土一揆は，**惣村**の結合をもとにした農民や一部の都市民，困窮した武士による蜂起であるが，そのほとんどが**徳政**を要求したので**徳政一揆**ともいう。徳政とは本来は仁徳のある政治のことであるが，しだいに債務（借金）を破棄したり，売却した土地を無償で取り戻させることを意味するようになった。**正長の徳政一揆**は，京都の土倉・酒屋などを襲って，質物や売買・貸借証文を奪い，中央の政界に衝撃を与えた。この一揆は近畿地方やその周辺に広がり，各地で実力による債務破棄・売却地の取戻しが展開された。これらを**私徳政**という。

演習

問1　史料の下線部(a)の土民とはどのような人々のことか。

問2　史料の下線部(b)は，幕府が徳政令を出さない中で，民衆の実力によって債務破棄がおこなわれたことを示しているが，このような実力行使を何というか。

問3　史料の下線部(c)の管領とはどのような職か，説明しなさい。

考察

問1　この史料はどのような立場の人が記したと考えられるか。また，そのように考えられる理由は何か，説明しなさい。

問2　奈良県柳生街道の峠口に地蔵尊を彫った巨石があり，その地蔵の右下の部分に「正長元年ヨリサキ者，カンヘ四カンカウニヲキメアルヘカラス」という文字が刻まれている。ここに記されている「ヲキメ（負目）アルヘカラス」というのはどのような意味か，説明しなさい。

************************ **センター試験にチャレンジ** ************************

▼次の文を読み，下の問いに答えよ。

　鎌倉幕府に反旗を翻した楠木正成らは，民衆をも戦闘員として動員し，山に城を築いて立てこもる戦術を採って幕府の大軍に対抗した。内乱が長引くなかで，農民の自治的な動きも活発化し，室町幕府は土一揆の蜂起に苦しむことになる。

問1　下線部に関して述べた文として正しいものを，次の①～④のうちから一つ選べ。
① 守護は兵粮米確保のために，刈田狼藉の権限を認められていた。
② 南北朝の内乱の経過が『増鏡』にまとめられた。
③ 近江の運送業者の蜂起をきっかけとして，正長の土一揆が起こった。
④ 足利義教が嘉吉の土一揆との戦いで敗死した。

(2005・B本試)

▼次の文を読み，下の問いに答えよ。

　畿内やその周辺などでは，自立的・自治的な惣村ができてくる。惣村では，宮座が農民の結合が中心となり，一揆の際には神社が農民の精神的な拠り所になった。

問2　下線部に関連して，惣村と一揆について述べた文として誤っているものを，次の①～④うちから一つ選べ。
① 惣村では寄合という会議が行われ，それには守護が加わることもあった。
② 村民は惣掟（村掟）を定めたり，みずから警察権を行使することもあった。
③ 領主に対する要求が認められない場合は，村民が逃散することもあった。
④ 畿内では，惣村の結束を基盤として，徳政を求める一揆が起こることもあった。

(2012・B追試)

問1	問2

29 山城の国一揆

第Ⅱ部　中世

『詳説日本史』p.135

史料
山城の国一揆

口語訳

　（文明17〈1485〉年12月11日）　今日山城の(a)国人が集会をした。上は60歳，下は15・6歳という。同日，国中の土民たちも群れ集まった。山城国で戦っている畠山政長・義就の(b)両軍へ申し入れる適当な処置を相談して決めるためだという。もっともなことだろう。ただし，これは下剋上がきわまったものだ。

　（文明18〈1486〉年2月13日）　今日，山城の国人が，平等院で会合した。山城国中を統治するための掟を定めたという。まことに感心なことだ。ただし，これ以上盛んになると，天下のためによくないことになるだろう。

　（文明十七年十二月十一日）　今日山城(a)国人集会す。上は六十歳，下は十五六歳と云々。同じく一国中の土民等群衆す。今度(b)両陣の時宜を申し定めんがための故と云々。しかるべきか。但し又下剋上のいたりなり。

　（文明十八年二月十三日）　今日山城国人，平等院に会合す。国中の掟法なお以てこれを定むべしと云々。およそ神妙。但し興成せしめば，天下のため，しかるべからざる事か。

（『大乗院寺社雑事記』）

✻ 史料の背景とキーワード ✻

応仁の乱は1477（文明9）年に京都での戦闘は終息するが，南山城では畠山氏の家督争いによる，畠山政長と義就の抗争が続いていた。1485年，山城の**国人**が一揆を結び，両畠山氏を国外に退去させ，住民の支持も得て，8年にわたって自治的な支配を実現した。一揆は三十六人衆と呼ばれる国人を中心に，**国掟**を定め，月行事という役職をおいて自治をおこなった。これを**山城国一揆**という。また，守護大名が京都で戦いを繰り返している中で，その領国では，在国していた守護代や有力な国人にしだいに実権が移っていった。こうした現象を**下剋上**という。

演習

問1　史料の下線部(a)の国人とはどのような人々か，答えなさい。

問2　史料の下線部(b)の両陣は，ある戦いを継続していると考えられるが，その戦いとは何か，答えなさい。

考察

問1 文明17年12月11日に，国人たちが集会して両畠山氏へ申し入れる適当な処置について話し合われているが，どのような内容であったか，説明しなさい。

問2 山城の国人たちは，自治をおこなうためにどのようなことをしたか，史料から読み取り，答えなさい。

＊＊＊＊＊＊＊＊＊＊＊＊＊＊＊＊＊＊＊ センター試験にチャレンジ ＊＊＊＊＊＊＊＊＊＊＊＊＊＊＊＊＊＊＊

▼次の史料を読み，下の問いに答えよ。

　（文明十七年十二月）十一日，今日山城国人集会す。上は六十歳，下は十五六歳と云々。同じく一国中の土民等群集す。今度両陣の時宜(注)を申し定めんがための故と云々。しかるべきか。但しまた　ア　のいたりなり。
　十七日，両陣の武家衆各引退き了んぬ。山城一国中の国人等申し合わす故なり。自今以後においては，両　イ　方は国中に入るべからず。　　　　　　　　（『大乗院寺社雑事記』）
　　　（注）「時宜」とは，適当な処置のこと。

問1 空欄　ア　・　イ　に入る語句の組合せとして正しいものを，次の①～④のうちから一つ選べ。
① アー一味同心　イー斯波　　② アー一味同心　イー畠山
③ アー下剋上　　イー畠山　　④ アー下剋上　　イー斯波

問2 下線部に関して述べた文として正しいものを，次の①～④のうちから一つ選べ。
① 両陣の武家衆は，山城の国人たちとの合戦に敗れて退いた。
② 両陣の武家衆は，山城の国人たちに家臣として組織された。
③ このあと，山城の国人たちの協議による自治が8年間続いた。
④ 山城の国人たちは，本願寺の命令を受けて行動していた。

(2004・B本試)

問1	問2

30 加賀の一向一揆

『詳説日本史』p.135

史料
加賀の一向一揆

> **口語訳**
> A 叔和西堂は，次のように語った。今月（長享2〈1488〉年6月）5日に越前の府中に行きました。その前に(a)越前の守護朝倉氏からの援軍が(b)加賀へ向いました。しかし，一揆の勢力20万人が富樫氏の居城を包囲していました。そのようなわけで，9日には城は攻め落とされました。籠城した富樫氏の人々は，みな滅びて，富樫一族の富樫泰高が，加賀の守護に取り立てられました。
>
> B 富樫泰高が守護となってから，百姓が取り立てた守護だったので，百姓の力が強くなり，最近では，加賀は百姓のもっている国のようになりました。

A 叔和西堂❶語りて云く。今月五日(a)越前府中に行く。それ以前越前の合力勢(b)賀州に赴く。しかりといえども，一揆衆二十万人，富樫城❷を取り回く。故を以て，同九日城を攻め落さる。皆生害❸して，富樫一家の者一人これを取り立つ。　　　（『蔭涼軒日録』）

B 泰高ヲ守護トシテヨリ，百姓トリ立テ富樫ニテ候アヒダ，百姓等ノウチツヨク成テ，近年ハ百姓ノ持タル国ノヤウニナリ行キ候。　　　（『実悟記拾遺』）

❶西堂とは禅宗寺院で住職をつとめて引退した人を指す。叔和はその名。❷守護富樫政親の高尾城。
❸自害（殺）すること。ここでは籠城していた皆が自害して滅んだことを示す。

❋ 史料の背景とキーワード ❋

応仁の乱のころ，本願寺の**蓮如**が阿弥陀仏の救いを信じれば，誰でも極楽往生できることを平易な文章（**御文**）で解き，**講**を組織して，惣村に**浄土真宗（一向宗）**を広めた。蓮如を中心とする精力的な布教活動によって，本願寺の勢力は近畿・東海・北陸地方に広まり，強大な勢力となった。そのため，大名権力と門徒集団が衝突し，各地に**一向一揆**が起こった。その代表的なものが1488（長享2）年に起こった加賀の一向一揆である。この一揆は，加賀の門徒が国人と手を結び，守護**富樫政親**を倒したもので，一揆が実質的に支配する本願寺領国が，**織田信長**に制圧されるまで，1世紀にわたって続いた。

演習
問　史料の下線部(a)・(b)は，それぞれ現在の何県にあたるか，答えなさい。

(a)　　　　　　　　(b)

考察
問1　浄土真宗(一向宗)が，惣村に広まった理由を，その布教の方法から説明しなさい。

問2　史料Aのできごとのあとに，加賀国の支配はどのようになったか，史料Bを用いて説明しなさい。

**************************　センター試験にチャレンジ　**************************

問　15世紀後半から16世紀に起きた戦乱について述べた文として**誤っている**ものを，次の①〜④のうちから一つ選べ。
① 加賀の一向一揆が，守護の富樫政親を倒した。
② 北条氏康が，堀越公方を滅ぼした。
③ 毛利元就が，陶晴賢を滅ぼした。
④ 織田信長が，桶狭間の戦いで今川義元を倒した。

(2012・B本試)

31 家法・分国法

第Ⅱ部 中世

『詳説日本史』p.150

史料
家法・分国法

口語訳

一 朝倉の城郭のほかには，領国内に城郭を構えさせてはならない。すべて所領のある者は，一乗谷に移り住み，郷村には代官だけをおくべきであること。　　　　　　　　（朝倉孝景条々）

一 (a)喧嘩のことについては，どちらがよいか悪いかにかかわらず，罪科とする。ただし，相手からしかけられたけれども我慢した者については，処罰しない。　　　　（甲州法度之次第）

一 (b)駿河・遠江両国の者は，あるいは(c)勝手に他国から嫁をとったり，あるいは婿をとったり，娘を他国へ嫁につかわすことは，今後は禁止した。　　　　　　　　　（今川仮名目録）

一 農民が地頭の年貢や雑税を納入せず，他の領主の所領へ逃げ込んだ場合には，盗人として処罰する。　　　　　　　　　　　　　　　　　　　　　　　　　　　　　（塵芥集）

一 朝倉❶が館之外，国内□城郭を為_レ_構ましく候。惣別❷分限あらん者❸，一乗谷❹へ引越，郷村には代官計可_レ_被_レ_置事。　　　　　　　　　　　　　　　　　　　　　（朝倉孝景条々）

一 (a)喧嘩の事，是非に及ばず成敗を加ふべし。但し，取り懸る❺と雖も，堪忍せしむるの輩に於ては，罪科に処すべからず。　　　　　　　　　　　　　　　　　　　（甲州法度之次第）

一 (b)駿・遠両国❻の輩，或は(c)わたくしとして他国より嫁をとり，或は婿にとり，娘をつかはす事，自今已後停止し畢ぬ。　　　　　　　　　　　　　　　　　　　　　（今川仮名目録）

一 百姓，地頭の年貢所当相つとめず❼，他領へ罷り去る事，盗人の罪科たるべし。　　（塵芥集）

❶斯波氏の重臣で，のちに主家をしのいで越前守護に成長した。❷総じて。❸所領がある者。❹朝倉氏の居館のあった地。現在の福井県福井市。❺しかけること。❻駿河・遠江両国で，今川氏の領国。❼納入しないで。

❈ 史料の背景とキーワード ❈

戦国大名の中には，家臣の私的同盟の禁止や領地の自由売買と分割相続の禁止，長子単独相続の励行のほか，家臣相互の紛争を自分たちの実力による私闘（喧嘩）で解決することを禁止し，すべての紛争を戦国大名の裁判にゆだねさせる**喧嘩両成敗法**など，強力な家臣団統制の法令を定め，領国支配の基本法である**分国法**（**家法**）を制定する者もあった。しかし，分国法の中には，戦国大名と家臣の協約という形式をとるものや，家臣団の利益を守り，戦国大名の権力濫用を抑制しようとする法もあった。守護大名とは異なり，独自の法体系をもって支配をおこなった戦国大名の特色といえる。

演習
問1 史料の下線部(a)のような規定を何というか，答えなさい。

問2 「甲州法度之次第」を制定した人物名を，答えなさい。

問3 史料の下線部(b)の駿河・遠江両国は現在の何県か，答えなさい。

考察
問 史料の下線部(c)について，「勝手に他国から嫁をとったり，あるいは婿をとったり，娘を他国へ嫁につかわすことは，今後は禁止した」のはなぜか，説明しなさい。

*********************** **センター試験にチャレンジ** ***********************
▼次の史料を読み，下の問いに答えよ。
『御成敗式目』第13条
一 殴人の咎の事
　右，打擲(注1)せらるるの輩はその恥を雪がんがため定めて害心を露すか(注2)。殴人の科，はなはだもって軽からず。よって侍においては所帯(注3)を没収せらるべし。所領なくば流罪に処すべし。郎従以下に至ってはその身を召し禁ぜしむ(注4)べし。
『塵芥集』第40条
一 人を打擲する事，侍においては所帯を取り放すべし。無足(注5)の族は他国へ追い払うべし。しかるに成敗を待たず，自分として打ち返し(注6)する事有るべからず。しかのごときの族，所帯を召し上ぐべし。無足の輩は他国へ追い払うべきなり。
　　　(注1)「打擲」とは殴ったり，たたいたりすること。(注2)「定めて害心を露わすか」とは，きっと殺意を抱くに違いないの意。(注3)「所帯」は，「所領」と同じ。(注4)「召し禁ぜしむ」とは拘禁刑に処すること。(注5)「無足」とは所領のないこと。(注6)「打ち返し」とは，仕返しのこと。

問　下線部について述べた文として誤っているものを，次の①〜④のうちから一つ選べ。
① この部分は『御成敗式目』第13条にはまったくみられない規定である。
② 裁判に頼らず，自力で復讐をはたそうとする風潮は，鎌倉時代にはまだみられなかった。
③ ここには勝手な仕返しを禁止し，大名の裁判によって紛争を解決しようとする戦国大名の意図が読み取れる。
④ 勝手に仕返しした者に対しては，殴打した側と同等の刑罰を課している。

(1998・B本試)

32 自由都市堺について
──ガスパル＝ヴィレラ書簡

『詳説日本史』p.151

史料
自由都市堺について──ガスパル＝ヴィレラ書簡

口語訳
　堺の町は非常に大きく、有力な商人が多数いて、この町はヴェネツィアのように執政官によって治められている。
　　　　　　　　　　　（1561〈永禄4〉年、堺発信、ガスパル＝ヴィレラ書簡）
　日本全国において、この堺の町より安全な場所はなく、(a)他の諸国で戦乱があっても、この町にはまったくなく、敗者も勝者もこの町に来て住めば皆平和に暮らし、お互いに仲良くし、他人に危害を加える者はいない。……(b)町の守りは非常に堅固で、西側は海に、他方は深い堀で囲まれ、その堀には常に水が満たされている。（1562〈永禄5〉年、堺発信、ガスパル＝ヴィレラ書簡）

　堺の町は甚だ広大にして、大なる商人多数あり、此の町はベニス市❶の如く執政官❷に依りて治めらる。
　　　　　　　　　　　　　　　　　　　　　　（一五六一〈永禄四〉年書簡）
　日本全国、当堺の町より安全なる所なく、(a)他の諸国において動乱あるも、此の町にはかつてなく、敗者も勝者も、此の町に来住すれば皆平和に生活し、諸人相和し、他人に害を加ふる者なし。……(b)町は甚だ堅固にして、西方は海を以て、又他の側は深き堀を以てかこまれ、常に水充満せり。
　　　　　　　　　　　　　　　　　　　　　　（一五六二〈永禄五〉年書簡）
　　　　　　　　　　　　　　　　　　　　　　　　　　　　（『耶蘇会士日本通信』）

❶イタリアの代表的自治都市ヴェネツィア。当時は商人自治による都市国家であった。❷合議制により堺の都市運営をした36人の豪商からなる会合衆を指す。

❖ 史料の背景とキーワード ❖

　戦国時代には、戦国大名の経済振興政策もあり、経済が発展し、各地の町や村が自立性を高め、さまざまな都市が成立した。それらの都市の中には、有力町人が自治的政治をおこなう自由で独立性の高い都市もあった。そのような都市の代表は**堺・博多・京都**である。堺においては36人の**会合衆**が、博多においては12人の**年行司**が合議により市政を運営し、自治都市として発展した。また、京都においても、富裕な商工業者である**町衆**から選ばれた**月行事**による自治的運営がおこなわれた。**日明貿易・南蛮貿易**の中心として繁栄した商業都市堺は、その経済力を背景にヨーロッパ伝来の鉄砲を生産し、周囲に深い堀をめぐらし、町を壁で囲み、兵を雇って自衛の態勢をつくった。

演習

問1 堺の政治はどのようにおこなわれたか，口語訳史料中の言葉を用いて答えなさい。

問2 当時，堺と同じように繁栄した九州の港町博多で，実質的に政治を運営していた人たちは，何と呼ばれたか，答えなさい。

考察

問1 史料の下線部(a)に「他の諸国で戦乱があっても，この町にはまったくなく」とあるが，その理由を説明しなさい。

問2 史料の下線部(b)に「町の守りは非常に堅固で」とあるが，その理由を説明しなさい。

★★★★★★★★★★★★★★★★★★★ センター試験にチャレンジ ★★★★★★★★★★★★★★★★★★★

▼次の文を読み，下の問いに答えよ。

　<u>室町・戦国時代</u>になると，祭礼などの時に，さまざまな趣向を凝らした扮装をして踊る風流踊が，庶民のあいだでさかんになった。世俗的な小品の歌謡である小歌も流行した。牛若丸と浄瑠璃姫の恋物語に代表される古浄瑠璃は，当初は単純な語り物だったが，やがて新たに登場した三味線の演奏をともなうようになり，後に人形浄瑠璃として流行する基礎が築かれた。

問　下線部の時代のことがらについて述べた文として正しいものを，次の①～④のうちから一つ選べ。
① 日朝貿易は，16世紀初めの寧波の乱を契機に衰退していった。
② 堺では，会合衆を中心にした自治的な都市運営が行われるようになった。
③ 日蓮宗では，桂庵玄樹の布教によって法華一揆が成立した。
④ 真言宗では，和歌の創作・研究を中心とする五山文学がさかんになった。

(2000・B本試)

第Ⅲ部 近世
33 楽市令

『詳説日本史』p.160

史料
楽市令

> **口語訳**
> (a)安土城下の町中への定
> 一，安土城下では楽市とされた以上は，いろいろな座の特権・座役・座の雑税を免除する。
> 一，土木工事への徴発を免除する。
> 一，信長の分国の中で(b)徳政を実施しても，この地では徳政を実施しない。

定　(a)安土山下町中
一，当所中楽市❶として仰せ付けらるるの上は，諸座❷・諸役・諸公事等，ことごとく免許の事。
一，普請免除の事。
一，分国中(b)徳政❸これを行うといえども，当所中免除の事。　　　（『近江八幡市共有文書』）

❶旧来の座商人の特権を廃止した市。❷中世を通じ，大寺社などから販売や製造などの特権を与えられた同業者の団体。❸借金の帳消し。

❋ 史料の背景とキーワード ❋

　戦国時代になると，領国経済の振興を目指す戦国大名の政策もあって，市場や町が発展した。これらの市場や町では，自由な商業取引を原則とし，税などを課さない**楽市**が多く設けられた。戦国大名の中には，楽市令を出してこれらを保護した者もあったが，**織田信長**による楽市令がもっともよく知られている。1576（天正4）年に築かれた**安土城**は，七層づくりの天守をもつ本格的な近世城郭であり，その豪華さは人々の眼を驚かせた。信長は，翌年，この安土城の城下町を対象に十三カ条の定を公布し，安土城下の町々を楽市とした。これにより，商工業者に自由な営業活動を認め，商人の誘致を図り，経済力の強化を目指したのである。

演習

問1　史料の下線部(a)について，この場所を右の地図中A～Dから選んで記号で答えなさい。

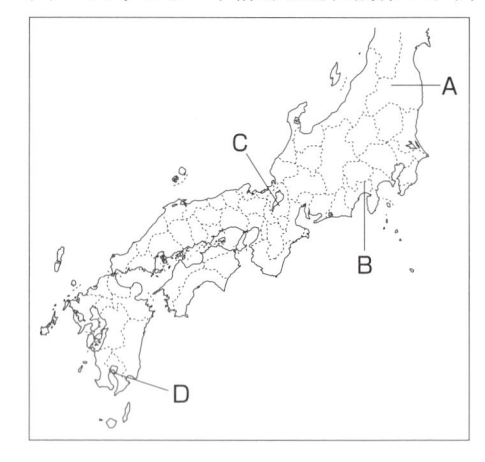

問2　史料の下線部(b)について，安土城下では徳政が実施されないことが定められた。これにより，商人たちにはどのような利点があったか説明しなさい。

考察

問 信長をはじめとした戦国大名が，こうした楽市令を出した目的は何か，説明しなさい。

************************ **センター試験にチャレンジ** ************************

▼次の史料は『読史余論』の一部である。

　後醍醐中興の後，尊氏反して天子蒙塵(注1)。尊氏，光明院を北朝の主となして，みづから幕府を開く。子孫相継いで十二代(注2)におよぶ。およそ二百三十八年。足利殿の末，織田家，勃興して将軍を廃し，天子をさしはさみて天下に令せんと謀りしかど，事いまだ成らずして，その臣光秀に弑せらる(注3)。豊臣秀吉，その故智を用ひ，みづから関白となりて，天下の権を恣にせしこと，およそ十五年。そののちついに，当代の世となる。

　　(注1)天子蒙塵：変事のため，天皇が難をのがれて都の外に逃げること。(注2)十二代：ふつう足利将軍は15代とされるが，『読史余論』は12代として数えている。(注3)弑せらる：主君が家臣に殺されること。

問　下線部について，この大名にかかわる次の印と絵の説明として正しいものを，下の①～④のうちから一つ選べ。

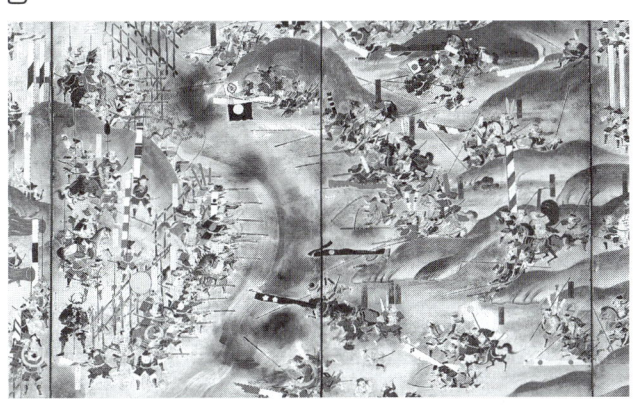

甲　　　　　乙

① 甲の印は「天下布武」と刻まれており，天下を武力で統一しようとするこの大名の意志を表している。
② 甲の印は「楽市楽座」と刻まれており，城下町大坂で自由な売買を認める際にこの大名が用いた。
③ 乙の絵は長篠の戦いを描いたものであり，この大名はこの戦いで駿河の大名今川義元を破った。
④ 乙の絵は一向一揆との戦いを描いたものであり，この大名はこの戦いののちキリスト教の布教を認めた。

(2010・B追試改)

第Ⅲ部　近世
34　太閤検地

『詳説日本史』p.163

史料
太閤検地

> **口語訳**
>
> 一、検地の実施について命令された趣旨を、それぞれの地方の国人や百姓たちに対し、納得がいくようにていねいに説明しなさい。もし納得しない者がいたならば、その者が城主ならば城へ追い込み、検地担当の武将たちが相談のうえ、一人も残さず皆殺しにしなさい。また、百姓以下の者が納得しない場合は、一郷でも二郷でもことごとく皆殺しにしなさい。このことは、日本全土六十余州に対し厳しく命令されているので、出羽・奥州まで間違いなくおこなうように。皆殺しにした結果、その土地を耕す者がいなくなってもかまわないので、そのつもりで検地を実施しなさい。山はその奥まで、海は櫓や櫂で行ける限りのところまで、念を入れて実施することが大切なのである。……
>
> （天正18〈1590〉年）8月12日（秀吉朱印）
>
> 　浅野長政殿へ

> 一、仰せ出され候趣、国人幷百姓共ニ合点行候様ニ、能々申し聞すべく候。自然、相届かざる覚悟の輩之在るに於ては、城主にて候ハヽ、其もの城へ追入れ、各相談じ、一人も残し置かず、なでぎりニ申し付くべく候。百姓以下ニ至るまで、相届かざるニ付てハ、一郷も二郷も悉くなでぎり仕るべく候。六十余州堅く仰せ付けられ、出羽・奥州迄そさうニハさせらる間敷候。たとへ亡所ニ成候ても苦しからず候間、其意を得べく候。山のおく、海ハろかい（櫓櫂）のつゝき候迄、念を入るべき事専一に候。……
>
> （天正十八年）八月十二日（秀吉朱印）
>
> 　浅野弾正少弼とのへ
>
> （浅野家文書）

❀ 史料の背景とキーワード ❀

　豊臣秀吉は、新しく獲得した領地に次々と検地を実施した。秀吉のおこなった**太閤検地**は、土地の面積を新しい基準で統一し、枡の容量も**京枡**に統一した。これにより、田畑や屋敷地の面積、等級を定め、それをもとに**石高**を定めた。

　この結果、全国の生産力が米の量で換算された**石高制**が確立した。また、太閤検地は、荘園制のもとで一つの土地に何人もの権利が重なりあっていた状態を整理し、検地帳には実際に耕作している農民の田畑と屋敷地を登録した（**一地一作人**）。この結果、農民は自分の田畑の所有権を法的に認められることになったが、それと同時に自分の石高に応じた年貢などの負担を義務づけられた。

　秀吉は、1591（天正19）年、全国の大名に対し、その領国の検地帳と国絵図の提出を命じた。これにより、すべての大名の石高が正式に定まり、大名は支配する領国の石高にみあった軍役を奉仕する体制ができあがった。

演習

問1 秀吉は，どのような人々に太閤検地の趣旨を説明するよう命じているか。口語訳史料中の言葉を用いて答えなさい。

問2 秀吉は，太閤検地の趣旨に納得しない者に対し，どのように対処せよと命じているか。口語訳史料中の言葉を用いて答えなさい。

考察

問 次のグラフは，秀吉のおこなった検地の回数を年代ごとに表したものである。このグラフから，検地の回数のピークが1591年だったことがわかる。この年にもっとも多くの検地がおこなわれたのはなぜか，翌年の文禄の役と関連づけて，考察しなさい。

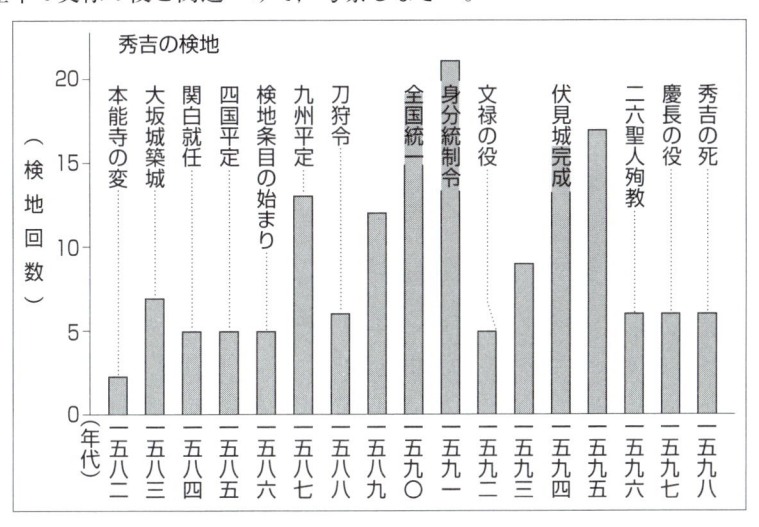

秀吉の検地

年代	検地回数	できごと
一五八二	2	本能寺の変
一五八三	7	大坂城築城
一五八四	5	関白就任
一五八五	5	四国平定
一五八六	5	検地条目の始まり
一五八七	13	九州平定
一五八八	6	刀狩令
一五八九	12	全国統一
一五九〇	15	身分統制令
一五九一	21	
一五九二	5	文禄の役
一五九三	9	
一五九四	17	伏見城完成
一五九五	17	
一五九六	6	二六聖人殉教
一五九七	6	慶長の役
一五九八	6	秀吉の死

✳✳✳ センター試験にチャレンジ ✳✳✳

問 石高とその基礎となる石盛について説明した次の各文について，誤っているものを，次の①〜④のうちから一つ選べ。

① その土地の1段あたりの生産力を米で算定したものが石盛である。
② 石盛にその土地の面積を乗じて得られた米の量が石高である。
③ 太閤検地により，全国の生産力を米の量で換算する貫高制が確立した。
④ 百姓は，石高に応じた年貢などの負担を義務づけられた。

(創作問題)

35 刀狩令

第Ⅲ部　近世

『詳説日本史』p.163

史料
刀狩令

口語訳

- 諸国の百姓が，刀・脇差・弓・槍・鉄砲・その他の武器類を所持することを厳重に禁止する。その理由は，百姓が本来農業に必要のない武器を手元においているので，年貢やその他の税を納め渋り，ひいては一揆を企て大名の家臣に対しあってはならない行為をする者どもが出ることになる。そのような者どもは，当然，処罰されなければならない。こうした事態になってしまうと，田畑を耕作する者がいなくなり，領地が荒廃してしまう。だから，各国の大名およびその家臣，代官は，これらの武器をすべて集め，差し出しなさい。
- 右のように集めた刀や脇差は，決して無駄になるわけではなく，今度，方広寺に建立される大仏の釘やかすがいとして再利用するよう命じられている。そうなれば，集めた刀や脇差は現世はいうにおよばず，来世までも百姓の利益になるのである。
- 百姓は，武器ではなく，農具だけを手にして耕作に専念すれば，子々孫々まで長く安泰である。百姓のことを深く愛しているからこそ，このように命じられたのである。この命令は，本当に国土を安全にし，万人に幸福をもたらす基礎となるものである。右の武器は必ず集め，差し出すようにしなさい。

　　天正16(1588)年7月8日　　　　（秀吉朱印）

- 一　諸国百姓，刀，脇指，弓，やり，てつはう，其外武具のたぐひ所持候事，堅く御停止候。其子細は，いらざる道具をあひたくはへ，年貢・所当を難渋せしめ，自然，一揆を企て，給人にたいし非儀の動をなすやから，勿論御成敗あるべし。然れば，其所の田畠不作せしめ，知行ついえになり候の間，其国主，給人，代官として，右武具，悉取りあつめ，進上致すべき事。
- 一　右取をかるべき刀，脇指，ついえにさせらるべき儀にあらず候の間，今度大仏御建立の釘，かすかひに仰せ付けらるべし。然れば，今生の儀は申すに及ばず，来世までも百姓たすかる儀に候事。
- 一　百姓は農具さへもち，耕作専に仕り候へハ，子々孫々まで長久に候。百姓御あはれミをもって，此の如く仰せ出され候。誠に国土安全万民快楽の基也。右道具急度取り集め，進上有るべく候也。

　　天正十六年七月八日　　　　（秀吉朱印）　　　　　　　　　　（小早川家文書）

❖ 史料の背景とキーワード ❖

当時の人々にとって，刀は成人男性の象徴として特別な意味をもっていた。また，自力救済に基づく当時の社会では，百姓たちがみずからの手で村を守るために刀をはじめとした多くの武器を所持していた。戦国大名は，こうした武器を所持する百姓を合戦に動員した。また他方で，**土一揆**や**一向一揆**などではこれらの武器が威力を発揮した。

1588（天正16）年，秀吉は，一揆を防止し百姓を農業に専念させるため**刀狩令**を出し，百姓の武器の

所持を禁止し，武器の没収を命じた。これ以降，武器を所持する兵（武士）と武器を所持しない農（百姓）の身分が徐々に区別されるようになった。ついで，1591年，**人掃令**（**身分統制令**）で諸身分を確定し，**兵農分離**が完成した。

演習

問1 秀吉が，刀・脇差・弓・槍・鉄砲などの武器の所持を禁止したのは，どのような人々か。口語訳史料中の言葉を用いて答えなさい。

問2 秀吉に命じられて武器の没収をおこなったのは，どのような人々だろうか。口語訳史料中の言葉を用いて答えなさい。

考察

問 刀狩令の第2条や第3条を読んだAさんは，「秀吉は，刀狩令によっても百姓たちが素直に武器を差し出さないのではないかと考えていた。」との仮説を立てた。Aさんがこうした仮説を立てた根拠を考えなさい。

************************ **センター試験にチャレンジ** ************************

問 次の文の空欄 ア ・ イ に入る語句の組合せとして正しいものを，下の①〜④のうちから一つ選べ。

秀吉は，1588年の刀狩令についで1591年に ア を出して，武家奉公人（兵）が町人・百姓になることや百姓が商人や職人になることなどを禁じた。これらの政策によって，兵・町人・百姓などの職業に基づく身分が定められ，いわゆる イ が完成した。

① アーバテレン追放令　イー石高制　　② アー人掃令　イー兵農分離
③ アーバテレン追放令　イー兵農分離　④ アー人掃令　イー石高制

（創作問題）

36 バテレン追放令

第Ⅲ部　近世

『詳説日本史』p.164

史料
バテレン追放令

口語訳

一，日本は神国なので，キリシタンの国から(a)キリスト教のような誤った教えを広めるのは非常に許せないことである。
一，その地域の人々と親密になってキリスト教の信者にし，神社仏閣を打ち壊すなどということは前代未聞のことである。……
一，バテレンがいろいろな知恵や知識を駆使して，思い通りに信者たちを増やしていると秀吉公はお考えになっており，右のように日本の仏教の教えを打ち壊そうとするのはけしからぬことであり，バテレンたちを日本におくことはできないので，今日から20日以内に準備をして，帰国するようにせよ。……
一，(b)ポルトガル・スペイン船は商売のために来航しているので，特別に取り扱うこととする。これからも長く貿易を続けるようにせよ。
天正15(1587)年6月19日

一，日本ハ神国たる処，きりしたん国より(a)邪法❶を授け候儀，太以て然るべからず候事。
一，其国郡の者を近付け門徒になし，神社仏閣を打破るの由，前代未聞に候。……
一，伴天連❷，其知恵の法を以て，心ざし次第に檀那❸を持ち候と思召され候へハ，右の如く日域❹の仏法を相破る事曲事に候条，伴天連の儀，日本の地ニハおかせられ間敷候間，今日より廿日の間ニ用意仕り帰国すべく候。……
一，(b)黒船❺の儀ハ商売の事に候間，各別に候の条，年月を経，諸事売買いたすべき事。
天正十五年六月十九日　　　　　　　　　　　（松浦文書）

❶キリスト教のこと。❷バテレンはポルトガル語のパードレ（神父）の音訳で，外国人宣教師のこと。❸信者。❹日本。❺ポルトガル・スペイン船。

❈ 史料の背景とキーワード ❈

　秀吉は，はじめキリスト教の布教を認めていたが，1587（天正15）年，九州平定におもむき，**キリシタン大名**の大村純忠が長崎をイエズス会の教会に寄付していることを知って，まず大名らのキリスト教入信を許可制にし，その直後に**バテレン追放令**を出し，宣教師の国外追放を命じた。しかしながら，南方との貿易を奨励したほか，一般人の信仰は「その者の心次第」として禁じなかったため，禁令の効果はそれほどあがらなかった。

　一向一揆を念頭においた秀吉が，領地を得た教会と領主・領民がキリシタン信仰で結びつき，反抗を企てることを警戒して，**バテレン追放令**を出したと考えられる。

> 演習

問1　史料の下線部(a)について，次の問いに答えなさい。
(1) 1549年，鹿児島に到着し，下線部(a)が指す宗教を伝えた宣教師は誰か。

(2) 下線部(a)の宗教により，各地に設立された宣教師養成学校を何というか。

問2　史料の下線部(b)の国々との貿易について，秀吉はどのように命じているか，口語訳史料中の言葉を用いて答えなさい。

> 考察

問　当初はキリスト教の布教を認めていた秀吉が，バテレン追放令を出したのはなぜだろうか，説明しなさい。

✳︎✳︎✳︎✳︎✳︎ センター試験にチャレンジ ✳︎✳︎✳︎✳︎✳︎

▼次の文を読み，下の問いに答えよ。

　日本とヨーロッパとの直接的な交流は，1543年にポルトガル人が乗った中国船が種子島に漂着したことを契機にはじまった。以後ヨーロッパからは多くの人々が日本を訪れ，日本からもヨーロッパに使節を送ったり，東南アジアまで出向いて貿易を行ったりした。

問　下線部に関連して述べた文として波線部が誤っているものを，次の①〜④のうちから一つ選べ。
① ポルトガル・スペイン（イスパニア）に続いて，16世紀末から17世紀にかけてイギリス・オランダもアジア貿易に乗り出してきた。
② 豊臣秀吉はバテレン追放令を発したが，貿易は従来どおり許可した。
③ 徳川綱吉は朱印船の制度によって東南アジア貿易を奨励した。
④ 17世紀には，シャムのアユタヤなどに日本町が形成され，自治が行われていた。

(2001・A本試)

37 武家諸法度（元和令）

第Ⅲ部　近世

『詳説日本史』p.171

史料
武家諸法度（元和令）

口語訳
- 一₁　学問と武道を常に心がけ，ひたすら励むようにせよ。……
- 一₆　諸国の居城はたとえ修理であっても必ず幕府に報告せよ。まして，新規に築城することは厳重に禁止する。……
- 一₈　幕府の許可を受けない結婚はしてはならない。……
- 一₁₂　諸国の侍身分の者たちは，倹約を心がけること。……

- 一₁　文武弓馬ノ道❶，専ラ相嗜ムベキ事。……
- 一₆　諸国ノ居城修補❷ヲ為スト雖モ，必ズ言上スベシ，況ンヤ，新儀❸ノ構営堅ク停止令ムル事。……
- 一₈　私ニ❹婚姻ヲ締ブベカラザルノ事。……
- 一₁₂　諸国諸侍，倹約ヲ用ヒラレルベキ事。……

（『御触書寛保集成』）

❶学問と武道。❷修理。❸新規。❹幕府の許可なく，勝手に。

❈ 史料の背景とキーワード ❈

武家諸法度は幕府の大名に対する根本法典で，史料の**元和令**が最初である。元和令は，**徳川家康**が**金地院崇伝**に起草させ，1615（元和元）年，将軍**徳川秀忠**の名で発布された。以後，将軍の代がわりごとに必要に応じて改編された。元和令は，文武の奨励，遊興の禁止，犯罪者の隠匿禁止，居城の補修・新造の禁止，無断婚姻の禁止，倹約の奨励など全13条にわたり，大名の心得が規定されている。

演習

問1　はじめて武家諸法度が発布された年と同じ年のできごとを，次の①〜④のうちから一つ選びなさい。
① 全国にキリスト教禁止令布告　② 徳川秀忠の将軍職補任
③ スペイン船の来航禁止　④ 大坂夏の陣

問2　幕府は大名に対し，日ごろからどのようなことに励むよう定めたのか。口語訳史料中の言葉で答えなさい。

考察

問 史料の下線部「幕府の許可を受けない結婚はしてはならない（私ニ婚姻ヲ締ブベカラザルノ事）」と幕府が定めた理由を説明しなさい。

************************ センター試験にチャレンジ ************************

▼近世の政治に関する次の文を読み，下の問いに答えよ。なお，史料は一部省略したり書き改めたりしたところもある。

　徳川氏は天下の覇権を確実にするため，豊臣秀吉の遺児である秀頼を滅ぼそうとした。1614年には，豊臣氏が建立した京都方広寺に掲げる予定であった鐘の銘に「国家安康」の字句があることを口実にして，　ア　を起した。これはいったん和議が成立したが，その翌年に再び戦いがはじまり，わずか数日で敗北した秀頼は自害し，ここに豊臣氏は滅亡した。

　この直後に，幕府は武家を統制するために，「居城をば残し置かれ，その外の城はことごとく破却あるべし」という内容の　イ　を定めた。同じ時期には天皇・公家に対しても法令を定めて統制を強めた。その後，幕府はさまざまな手立てを講じて，公武関係を維持していった。

問　空欄　ア　・　イ　に入る語句の組合せとして正しいものを，次の①〜④のうちから一つ選べ。
① ア―大坂の役（陣）　イ―武家諸法度
② ア―大坂の役（陣）　イ―一国一城令
③ ア―関ヶ原の戦い　イ―武家諸法度
④ ア―関ヶ原の戦い　イ―一国一城令

(2008・B本試)

第Ⅲ部 近世

38 武家諸法度(寛永令)

『詳説日本史』p.171

史料
武家諸法度(寛永令)

口語訳

一₂　大名・小名が国元と江戸を参勤交代するよう定めるものである。毎年夏の4月中に江戸へ参勤せよ。参勤の際の従者の人数が、近年たいへん多いようである。これは領国にとって無駄な出費であり、また領民の負担ともなる。以後は、大名家の格式に応じて従者を減らすこと。……

一₁₇　500石積み以上の大船をつくることは禁止する。

一₂　大名小名❶、在❷江戸交替、相定ル所也。毎歳夏四月❸中参勤致スベシ。従者ノ員数近来甚ダ多シ、且ハ国郡ノ費❹、且ハ人民ノ労也。向後❺其ノ相応ヲ以テ、之ヲ減少スベシ。……

一₁₇　五百石以上ノ船❻停止ノ事。　　　　　　　　　　　　　　　　(『御触書寛保集成』)

　❶禄高の少ない大名のこと。　❷大名の領地のこと。　❸旧暦では、4月から6月が夏。　❹無駄な出費。
　❺以後。　❻米500石(約75トン)を積むことができる船。

❋ 史料の背景とキーワード ❋

　3代将軍**徳川家光**は、1635(**寛永**12)年に新たな武家諸法度(寛永令)を発布し、諸大名に法度の遵守を命じた。2代将軍秀忠の元和令と比較すると、条文に「制禁」「遵行」などが使用され、明らかに幕府の統制力が強まっていることがわかる。寛永令では、**参勤交代**の制度化、鎖国へ向けて**大船建造禁止**などが追加され、全19条となった。寛永令の特徴の一つである参勤交代の義務づけをみても、家光のころまでに、強大な力をもつ将軍と諸大名との主従関係が確立したことがうかがえる。

演習
問　参勤交代について誤っているものを、次の①〜④のうちから一つ選びなさい。
①　親藩・譜代・外様の別なく、大名は1年在府(在江戸)、1年在国とされた。
②　享保年間、上げ米の実施中は、在府期間が原則として半年に短縮された。
③　将軍家光のとき、武家諸法度で制度化された。
④　大名の妻子は、江戸に常住する定めであった。

考察
問　史料の下線部「500石積み以上の大船をつくることは禁止する(五百石以上ノ船停止ノ事)」は、寛永令が発布された1635(寛永12)年前後の外交政策と深く関わっているが、どのようなねらいがあったか、説明しなさい。

38 武家諸法度（寛永令）

※※※※※※※※※※※※※※※※※※※※※ センター試験にチャレンジ ※※※※※※※※※※※※※※※※※※※※※

▼次の文を読み，下の問いに答えよ。

　諸大名は，参勤交代を義務づけられていたため，江戸に屋敷を置いていた。(中略)江戸屋敷に居住した大名やその家臣たちは，物価の高騰や変動といった都市特有の問題をかかえながら消費生活を続けなければならず，これが藩財政を圧迫する要因の一つにもなった。次の表は松江藩(18.6万石)のおおよその年間財政をまとめた記録から，1806(文化3)年・1813(同10)年・1820(文政3)年の財政状況を示したものである。

松江藩の財政
(1) 収　入　　　　　　　　　　　　　　　　　　　　　　　　　　　　（単位：両）

項目／年	1806年	1813年	1820年
収入米	133,287（97.2%）	142,626（86.6%）	96,492（92.4%）
収入金	3,875（2.8%）	22,094（13.4%）	7,946（7.6%）
計	137,162（100%）	164,720（100%）	104,438（100%）

(2) 支　出　　　　　　　　　　　　　　　　　　　　　　　　　　　　（単位：両）

項目／年	1806年	1813年	1820年
参勤交代費	4,032（2.9%）	3,474（2.3%）	3,381（3.0%）
江戸経費	44,159（32.3%）	40,064（26.7%）	38,365（33.8%）
京・大坂経費	3,082（2.3%）	3,278（2.2%）	3,048（2.7%）
俸　禄	59,438（43.4%）	72,044（48.0%）	46,432（40.9%）
国元経費	26,199（19.1%）	31,246（20.8%）	22,285（19.6%）
	136,910（100%）	150,106（100%）	113,511（100%）

（『松江藩出入捷覧』より作成）

(注1)　もとの記録には，米の俵数で表記する項目もあるが，当該年の米価で換算し貨幣による表記に直した。
(注2)　俸禄には，国元だけでなく，江戸のものも合算している。

問1　下線部に関して述べた次の文X〜Zについて，その正誤の組合せとして正しいものを，下の①〜④のうちから一つ選べ。
　X　大名の参勤交代は，徳川家康によって制度化された。
　Y　大名は妻子と一緒に，江戸と国元とを往来した。
　Z　享保の改革では，大名の参勤交代の負担が一時的に軽減された。
　①　X―正　Y―正　Z―誤　　②　X―正　Y―誤　Z―正
　③　X―誤　Y―正　Z―誤　　④　X―誤　Y―誤　Z―正

問2　表から読み取れることがらを述べた文として正しいものを，次の①〜④のうちから一つ選べ。
　①　収入は一定していたが，支出は年により増減が激しかった。
　②　俸禄は支出の4割を超えており，5割近くになる年もあった。
　③　参勤交代のためにかかる経費は，支出の中で最大であった。
　④　国元経費は，江戸経費よりも大きかった。

(2008・B追試)

39 禁中並公家諸法度

『詳説日本史』p.175

史料
禁中並公家諸法度

> [口語訳]
> 一₁ 天皇が身につけなければならないことの第一は学問である。……
> 一₇ (a)武家の官職と位階は，公家（朝廷に仕える人たち）の官職と位階とは別に扱うものとする。
> 一₁₁ (b)関白・武家伝奏や奉行・職事らが申し渡すことに，公家の面々が背いた場合は流罪とすること。
> 一₁₆ (c)紫衣を許される寺の住職は，以前はきわめて少なかった。しかし，近年やたらと勅許されており，これは僧侶間の上下関係を乱すとともに国が管理する寺院の名誉を汚すこととなり，決してあってはならないことである。……

一₁ 天子諸芸能の事，第一御学問也。……
一₇ (a)武家の官位は，公家当官の外為るべき事。
一₁₁ (b)関白・伝奏❶并びに奉行・職事❷等申し渡す儀，堂上地下❸の輩 相背くにおいては流罪たるべき事。
一₁₆ (c)紫衣の寺❹，住持職，先規希有の事也。近年猥りに勅許の事，且は臈次❺を乱し，且は官寺❻を汚し，甚だ然るべからず。……
（『大日本史料』）

❶武家伝奏といい，朝廷と幕府間の意思疎通を図るためにおかれた公家の役職。朝廷に幕府側の指示を与えた。江戸時代には定員2名で，関白につぐ要職。❷さまざまな朝儀を執行した蔵人役の公家。❸公家の中で昇殿を許される家柄が堂上家，許されない家柄が地下家。❹朝廷から高徳の僧に賜った紫色の僧衣を紫衣といい，紫衣の寺とはその高僧が住持となる寺格。❺僧侶が授戒後，修行の功徳を積んだ年数で決まる席次。❻私寺に対する称で，伽藍造営・維持・管理を国家がおこなう寺。

❋ 史料の背景とキーワード ❋

絶対的な政治権力をもった幕府は，天皇と公家に禁裏御料・公家領を与え，一部の朝廷儀式や神事の再興を認めるなどの保護をした。その一方で，朝廷運営の基準を明示するため，1613（慶長18）年の公家衆法度に続いて，1615（元和元）年に**金地院崇伝**の起草により，全17ヵ条からなる**禁中並公家諸法度**を制定した。これにより天皇・朝廷が政治に関与したり，大名との直接交渉をしないように厳しい統制がおこなわれた。紫衣の勅許に対する規制に関連して**紫衣事件**が起こり，後水尾天皇が突然譲位するという事態となったが，これを機に幕府は，摂家（関白と三公＝太政大臣・左大臣・右大臣）と**武家伝奏**に厳重な朝廷統制を命じ，基本的な枠組みを確立させた。

演習
問1　史料の下線部(b)について，「関白・武家伝奏や奉行・職事らが申し渡すこと」に背いた公家が流罪になるのは何に背いたことになるからか，答えなさい。

問2 史料の下線部(c)に関わり，1629年に起きた事件の結果，明示されたことは何か。幕府の「法度」と口語訳史料中の天皇の許可を意味する言葉を用いて書きなさい。

考察

問 史料の下線部(a)について，武家の官位が天皇の権限により与えられると，幕府にとってはどのような不都合が生じるのだろうか，説明しなさい。

**************** センター試験にチャレンジ ****************

▼次の文を読み，下の問いに答えよ。

　近世には，合理的思考を重んじる儒学の影響もあって，史料の収集・編纂や歴史研究が進展した。幕府は儒者の ア に命じ，日本の通史である『本朝通鑑』の編纂という大規模な修史事業を行った。また儒学にもとづいて，武家政権の正当性を説いた イ の『読史余論』や天皇を王としてたっとぶ尊王論を軸として武家政権の歴史を叙述した頼山陽の『日本外史』などの歴史書も著され，後者は幕末の政治運動にも影響を与えた。

問1　空欄 ア ・ イ に入る語句の組合せとして正しいものを，次の①〜④のうちから一つ選べ。
① ア―林羅山　　イ―藤原惺窩
② ア―林羅山　　イ―新井白石
③ ア―新井白石　イ―林羅山
④ ア―新井白石　イ―藤原惺窩

問2　下線部に関連して，近世の天皇や尊王論について述べた文として誤っているものを，次の①〜④のうちから一つ選べ。
① 江戸幕府は，禁中並公家諸法度を定め，天皇の職務や行動に規制を加えた。
② 江戸幕府は，天皇家の経済基盤として禁裏御料を設定した。
③ 竹内式部は，江戸の民衆に尊王論を説いて幕府に処罰された。
④ 水戸の会沢安(正志斎)は，尊王攘夷論を主張した。

(2002・B本試)

問1	問2

40 寛永十二年禁令・寛永十六年禁令

『詳説日本史』p.179

史料 A
寛永十二年禁令

> **口語訳**
> 一、外国へ日本の船を出すことは堅く禁止する。
> 一、日本人を外国へ行かせてはならない。もし，密航する者がいれば，本人は死罪となる。その船および船主は，抑留して幕府へ報告すること。

> 一、異国江日本の船遣すの儀，堅く停止の事。
> 一、日本人異国江遣し申す間敷候。若忍び候て乗渡る者之有るに於ては，其者は死罪，其の舟
並船主共ニとめ置，言上仕るべき事。 （『教令類纂』）

史料 B
寛永十六年禁令

> **口語訳**
> 一、日本では禁止となっているキリスト教を，それとは知りながら広めようとする者が今でも密航して来ること。
> ……今後，ポルトガル船が日本に渡って来ることを禁止する。今後渡って来たときはその船を壊し，乗員は即座に死罪にせよとの命令があったので通達する。

> 一、日本国御制禁成され候吉利支丹宗門の儀，其趣を存知ながら，彼の法を弘むるの者，今に密々❶差渡るの事。
> ……自今以後❷，かれうた❸渡海の儀，之を停止せられ訖。此上若し差渡るニおゐてハ，其船を破却し，幷乗来る者速に斬罪に処せらるべきの旨，仰せ出さるる者也。（『御当家令条』）
>
> ❶ひそかに。 ❷今後は。 ❸ポルトガルの荷物船。

❈ 史料の背景とキーワード ❈

　活発な海外貿易も幕藩体制が固まるにつれて，日本人の海外渡航や貿易に制限が加えられるようになった。その理由の第一はキリスト教の禁教政策であり，第二は幕府が貿易の利益を独占するためである。1616(元和2)年には中国船を除く外国船の寄港地を**平戸**と**長崎**に制限，1624(寛永元)年にはスペイン船の来航を禁止，1633(寛永10)年には**奉書船**以外の海外渡航禁止，1635(寛永12)年には，日本人の海外渡航と在外日本人の帰国を禁止，1639(寛永16)年にはポルトガル船の来航禁止，1641(寛永18)年にはオランダ商館を長崎の**出島**に移し，長崎奉行の監視下においた。こうしていわゆる**鎖国**の状態となり，以後日本は，オランダ・中国・朝鮮・琉球以外との交渉を閉ざすことになった。

演習

問 次の略年表を見て，下の問いに答えなさい。

1612年	直轄地に（ ア ）を発布（翌年全国に）
1616年	中国船を除く外国船の入港地を長崎・平戸に
1624年	（ イ ）船の来航を禁止
1633年	寛永十年禁令………A
1635年	寛永十二年禁令……B
1637年	島原の乱
1639年	寛永十六年禁令……C

(1) 空欄（ ア ）・（ イ ）に適当な語句を記入しなさい。

　（ア）　　　　　　　　（イ）

(2) 日本人の海外渡航を全面的に禁止したものはどれか。A～Cから答えなさい。

(3) ポルトガル船の来航を禁止したものはどれか。A～Cから答えなさい。

考察

問 幕府がポルトガル船の来航を禁止した理由について，史料Bではどのように述べているか，口語訳史料から抜き出しなさい。

★★★★★★★★★★★★★★★★★★★★ センター試験にチャレンジ ★★★★★★★★★★★★★★★★★★★★

▼次の文を読み，下の問いに答えよ。

　島原の乱では，島原・天草の領主による苛酷な年貢の取立てに抵抗して，弾圧を受けていたキリシタンなど3万人余の人々が蜂起した。彼らは天草四郎を首領に原城に立てこもり，これに対して幕府は九州の大名ら約12万人の兵力を動員して，ようやく鎮圧した。

問 次の文a～dのうち，下線部の島原の乱ののちに起こった出来事を示すものの組合せとして正しいものを，下の①～④のうちから一つ選べ。
　a　徳川氏は，豊臣氏を滅ぼし，名実ともに全国を支配した。
　b　幕府は，田畑永代売買の禁令を出した。
　c　幕府は，ポルトガル船の来航を禁止した。
　d　幕府は，スペイン（イスパニア）船の来航を禁止した。
　①　a・c　　②　a・d　　③　b・c　　④　b・d

(2004・B追試)

41 寛永十九年の農村法令・田畑永代売買の禁止令

『詳説日本史』p.188

史料 A
寛永十九年の農村法令

口語訳

一 祭礼・仏事などを派手におこなってはいけない。
一 男女の衣服については，これ以前から法令で定めてあるように，庄屋は絹紬・麻布・木綿を着ることとする。一般の百姓は，麻布・木綿を着ること。これ以外は，襟や，帯などであっても用いてはならない。
一 婚礼などのときでも，武家の使うような上等な駕籠を使ってはならない。
一 身分不相応な家は，今後建ててはならない。
一 幕府の直轄領でも大名や旗本の領地でも，本田や本畑にたばこを栽培しないように申しつける。
一 馬の荷鞍にぜいたくな織物をかけて，乗ってはならない。
一 来年の春から，あちこちの村里において，領主の旗本や天領の代官は，苗木を植えて，林をつくるように申しつける。

一 祭礼・仏事など結構に仕るまじき事。
一 男女衣類の事，これ以前より御法度の如く，庄屋は絹紬・布・木綿を着すべし。わき百姓は布・もめんたるべし。右のほかは，えり・帯などにも仕るまじき事。
一 嫁とりなどに乗物無用の事。
一 似合わざる家作，自今以後仕るまじき事。
一 御料・私領共に，本田畑にたばこ作らざるように申しつくべき事。
一 荷鞍に毛氈をかけ，乗り申すまじき事。
一 来春より在々所々において，地頭・代官，木苗を植え置き，林を仕立て候様申しつくべき事。
（『御当家令条』）

史料 B
田畑永代売買の禁止令

口語訳

暮らし向きのよい百姓は，田地を買い取って，いっそう裕福になり，家計の苦しい者は，田畑を売却して，いよいよ家計が苦しくなるので，今後，田畑の売却は禁止する。

身上能き百姓は田地を買取り，弥宜く成り，身体成らざる者は田畠を沽却せしめ，猶々身上成るべからざるの間，向後田畠売買停止たるべき事。
（『御触書寛保集成』）

❈ 史料の背景とキーワード ❈

　幕府は，百姓の小経営をできるだけ安定させ，一方で**貨幣経済**にあまり巻き込まれないようにし，年貢・諸役の徴収を確実にしようとした。このため，百姓の暮らしがぜいたくにならないよう，家や衣服など生活の細部に至るまで法令により統制しようとした。特に，**寛永の飢饉**(1641～42年)により農村が疲弊したことを受け，これ以降あいついで一連の法令が出された。1642(寛永19)年に出された**農村法令**では，百姓の暮らしがぜいたくにならないよう，**商品作物**の栽培を禁じ，家や衣服などが華美にならないよう，身分ごとに禁止事項を細かく定めた。また，1643(寛永20)年の**田畑永代売買の禁止令**では，百姓が土地を失うことを防ぐために田畑の売買を禁じた。

演習
問　一般の百姓に許された衣服はどのようなものだったか，口語訳史料中の言葉を用いて答えなさい。

考察
問　史料Aの下線部について，幕府が百姓に対して，田畑にたばこを栽培しないように求めたのはなぜか，理由を書きなさい。

★★★★★★★★★★★★★★★★★★★★ センター試験にチャレンジ ★★★★★★★★★★★★★★★★★★★★

▼次の文を読み，下の問いに答えよ。

　江戸時代の百姓には，幕府や領主からさまざまな負担が課せられていた。その中心は本年貢で，米(玄米)による納入が原則であったが，貨幣納などが併用されることもあった。本年貢以外では，小物成・高掛物・夫役などがあった。また，街道に近い村には，人馬を提供する助郷役が課せられることもあった。

問　下線部について述べた次の文ア～ウについて，その正誤の組合せとして正しいものを，下の①～⑥のうちから一つ選べ。
　ア　本年貢は，田畑・屋敷地をもたない水呑百姓には課されなかった。
　イ　本年貢は，それを負担する百姓が，それぞれ個別に領主に納入した。
　ウ　籾米を玄米にするために利用された農具に，扱箸や千歯扱がある。
　① ア―正　イ―誤　ウ―正　② ア―正　イ―正　ウ―誤　③ ア―正　イ―誤　ウ―誤
　④ ア―誤　イ―誤　ウ―正　⑤ ア―誤　イ―正　ウ―誤　⑥ ア―誤　イ―正　ウ―正

(1999・B本試)

42 武家諸法度（天和令）

『詳説日本史』p.200

史料

武家諸法度（天和令）

口語訳

- 一1 学問，武芸，忠孝に励み，礼儀を正すこと。
- 一12 実子のいない大名の養子は，一族の中からふさわしい者を選び，もし，ふさわしい者がいない場合は，候補の者の由緒を調べ，大名自身が存命中に報告せよ。50歳以上あるいは17歳以下の年齢である大名が臨終の際に養子を決める場合でも，他の一族がよく当人の資質を調べた上で養子に立てるようにせよ。たとえ実子であっても，資質の正しくない者は跡継ぎとしてはならない。
  - 附則，殉死はいっそう厳しく禁止する。
- 天和3（1683）年7月25日

- 一1 文武忠孝を励し，礼儀を正すべき事。
- 一12 養子は同姓相応の者を撰び，若之無きにおゐては，由緒を正し，存生の内❶言上致すべし。五拾以上十七以下の輩末期❷に及び養子を致すと雖も，吟味の上之を立つべし。縦，実子と雖も筋目違たる儀，之を立つべからざる事。
  - 附，殉死❸の儀，弥制禁せしむる事。
- 天和三年七月廿五日　　　　　　　　（『御触書寛保集成』）

❶生きているうち。❷臨終のとき。❸主人の死に際して，家臣も自害して死後も主人に奉仕すること。

❖ 史料の背景とキーワード ❖

1683（天和3）年，5代将軍**徳川綱吉**への代がわりで発布された**天和令**には，史料の**末期養子の禁の緩和**と**殉死の禁止**が追加されている。また，第一条の武士の本分が「弓馬の道」から「**忠孝を励し，礼儀を正すべきの事**」に改められている。主君に対する忠と父祖に対する孝，そして礼儀（礼節）による秩序をまず第一に要求し，幕府と諸藩，大名と家臣の関係を固定化しようとしたものである。これは，政治の安定と経済発展を背景に，幕府が施政の方向を，武力で威圧する政治から儒学思想に基礎づけられたいわゆる**文治主義**へ転換を図ろうとしたことの表れでもある。文治主義を推進する必要から，天皇・朝廷に対する政策を改め，朝廷儀式の復興や禁裏御料を増やしたことに注目しておきたい。

演習

問1 江戸幕府の文治主義の政策として，適当でないものを，次の①～④のうちから一つ選びなさい。
① 末期養子の禁を緩和した。
② 大名の家臣に殉死を禁じた。
③ 武家諸法度に違反した大名を処分した。
④ 大名から人質をとることを廃止した。

問2 これまでの武家諸法度では，大名が日ごろから心がけるべきこととして，「学問と武道（文武弓馬ノ道）」が定められていた。この天和令では，この部分がどう変わったか。新たに加わったことを口語訳史料から抜き出しなさい。

考察

問 4代将軍徳川家綱のときに末期養子の禁が緩和されたが，どのような社会問題を背景としているか，説明しなさい。

＊＊＊＊＊＊＊＊＊＊＊＊＊＊＊＊＊＊＊ センター試験にチャレンジ ＊＊＊＊＊＊＊＊＊＊＊＊＊＊＊＊＊＊＊

▼大名の改易数の推移を示す次のグラフを見て，下の問いに答えよ。

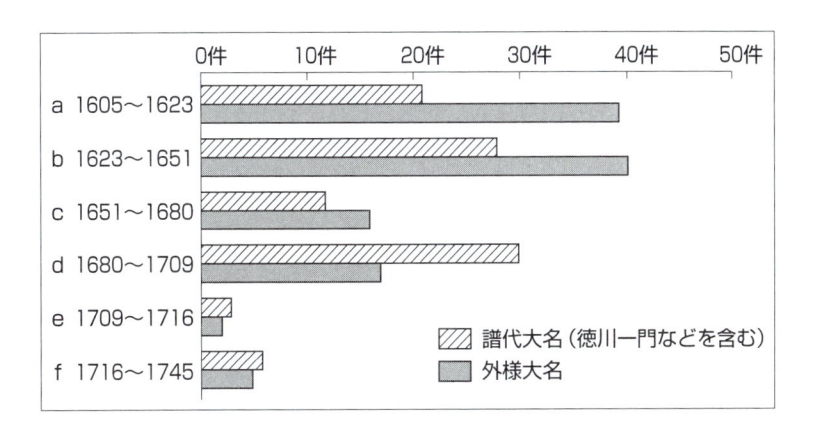

	期間
a	1605～1623
b	1623～1651
c	1651～1680
d	1680～1709
e	1709～1716
f	1716～1745

（譜代大名（徳川一門などを含む）／外様大名）

問　グラフの各時期の説明として，誤っているものを，次の①～④のうちから一つ選べ。
① bの時期には，幕府は，武家諸法度の最初の改定によって参勤交代を制度化し，外様大名を最も多く改易した。
② cの時期には，島原の乱が起きて，牢（浪）人問題が深刻化したため，末期養子の禁を緩和し，改易を減らした。
③ dの時期には，幕府は将軍の独裁体制を強化し，譜代大名の改易が，外様大名の改易を上回るようになった。
④ fの時期には，幕府は側用人政治を廃し，譜代大名・旗本を重く用いた。また，一時，大名の参勤交代を緩和した。

（創作問題）

第Ⅲ部 近世
43 上げ米の令

『詳説日本史』p.218

史料
上げ米の令

> **口語訳**
>
> 　旗本として召抱えられている家臣の数は、将軍の代を重ねるごとにだんだんと増えてきた。幕府の年貢収入も以前よりは多くなってきたが、切米や扶持米、そのほかの必要経費の支払いに比べれば、どうしても毎年足りなくなっている。……そのことについて、(a)代々の将軍から命令が出されたことはなかったのだが、吉宗は、(b)1万石以上の大名より米を差し出させようとお考えになった。そうしなければ、御家人の中から数百人が職を失うことになるので、恥を承知で命令されたものである。石高1万石について米100石ずつ差し出すこと。……そのかわりに、参勤交代で江戸にいる期間を半年に減らすので、国元でゆっくり休養するように、という仰せである。

　御旗本ニ召置かれ候御家人、御代々段々相増候。御蔵入高❶も先規よりハ多く候得共、御切米御扶持方❷、其外表立候御用筋の渡方ニ引合候ては、畢竟年々不足の事ニ候。……それニ付、(a)御代々御沙汰之無き事ニ候得共、万石以上の面々より(b)八木❸差し上げ候様ニ仰せ付けらるべしと思召し、左候ハねば御家人の内数百人、御扶持召放さるべきより外は之無く候故、御恥辱を顧みられず仰せ出され候。高壱万石ニ付八木百石積り差し上げらるべく候。……之に依り、在江戸半年充御免成され候間、緩々休息いたし候様ニ仰せ出され候。　　　（『御触書寛保集成』）

　❶幕領からの年貢収入。❷旗本・御家人に支給する給与。切米は春・夏・秋の3期に何俵というように給され、扶持米は何人扶持（一人扶持は1日に玄米5合）というように給与された。❸米。米の文字を分解したもの。

❋ 史料の背景とキーワード ❋

　元禄期以降、破綻状態にあった幕府財政は、1722（享保7）年に至り旗本・御家人の切米・扶持米の支給にも差し支える状態となり、ここにいわゆる**享保の改革**の諸政策が推進されることとなった。その基本政策は**年貢増徴**や**新田開発**であったが、効果が出るまでに時間がかかることが予想されたので、その応急措置的な方策としてとられたのが**上げ米**であった。したがって、当初からこの制度は一時的なものと考えられていたようで、財政状態が一応落ち着いた1731年には廃止され、**参勤交代制**も従来通りに戻された。

演習

問1　史料の下線部(a)について、(1)〜(3)に答えなさい。

(1)　8代将軍徳川吉宗は、これまでの将軍のように初代家康以来の宗家（本家）の家系ではない。三家のうちどこの出自か。

(2) 吉宗は将軍家を安定させるため、①次男宗武と②四男宗伊をそれぞれ何家の祖としたか。

①　　　　　　　　②

(3) (2)の両家と9代将軍家重の次男重好に始まる清水家とをあわせて何と呼ばれるか。

問2　この上げ米の令によって、大名の負担は増加したが、かわりに軽減されたことは何か。口語訳史料中の言葉を用いて答えなさい。

考察

問　史料の下線部(b)について、吉宗はなぜこのように考えたのか、説明しなさい。

***************** センター試験にチャレンジ *****************

▼次の史料は、1691年に、オランダ商館長とともに江戸に参府したときの同商館付き医師ケンペルの記録である。これを読み、下の問いに答えよ。

　江戸は第一の都市で、将軍の住居地である。（中略）たくさんの地方出身の人や土着の市民や宗教関係の人たちが、この町の人口を非常に多くしている。それに、たくさんの幕府の役人や、特に全国から来ている諸大名の家族が、なおこれに加わる。大名自身は半年だけ(注)ここに留まり、残りの期間は世襲の領地で過ごし、自分の領地の統治に心をくだくのであるが、大名の家族は、江戸に在住しなければならない。
　　　　　　　　　　　　　　　　　　　　　（ケンペル『日本誌』斎藤信訳）
　　（注）半年だけ：参勤交代の在江戸期間は、大名や時期により異なる場合がある。ここではケンペルの認識による。

問　下線部に関連して、大名にかかわる江戸幕府の政策について述べた次の文X・Yと、それが行われたときの将軍の名前a〜dとの組合せとして正しいものを、下の①〜④のうちから一つ選べ。
　X　この将軍のとき、大名改易の理由の一つとなっていた末期養子の禁止をゆるめた。
　Y　この将軍のとき、石高1万石につき米100石を献上させる見返りとして、参勤交代の在江戸期間を短縮した。
　a　徳川家光　　　b　徳川家綱　　　c　徳川吉宗　　　d　徳川慶喜
　①　X—a　Y—c　　②　X—a　Y—d
　③　X—b　Y—c　　④　X—b　Y—d

(2011・B本試)

44 身分社会への批判

第Ⅲ部　近世

『詳説日本史』p.227

史料
身分社会への批判

> **口語訳**
> ……それぞれが耕作して子どもを育て，子どもが大人になり，きちんと耕作できるようになって親を養い，自分の子どもを育てる。一人がこれをおこなえば，みんなもこのようにする。そうすれば，奪い取る者も出ないので，奪い取られる者も出ない。天地と人間は一体で，天地が生まれるとともに人間も耕作する。これ以外にいっさい私意の入ることはない。これが<u>自然の世</u>の様子である。

> ……各耕シテ子ヲ育テ，子壮ニナリ，能ク耕シテ親ヲ養ヒ子ヲ育テ，一人之ヲ為レバ万万人之ヲ為テ，貪リ取ル者無レバ貪ラルル者モ無ク，転定❶モ人倫❷モ別ツコト無ク，転定生ズレバ，人倫耕シ，此ノ外一点私事無シ。是レ<u>自然ノ世</u>ノ有様ナリ。　　　　（『自然真営道』）
>
> ❶天地と同じ。❷人間のこと。

❈ 史料の背景とキーワード ❈

　18世紀，幕藩体制が動揺してくると，社会の変化に対応して新しい考え方が出てきた。その中には**洋学**や**国学**などに加えて，封建社会を根本から批判し，それを改めようとする思想もあった。奥州八戸の医師**安藤昌益**は，『**自然真営道**』を著して万人がみずから耕作して生活する自然の世を理想とし，武士が農民から収奪する社会や身分社会を批判した。

　こうした動きに対して，幕府は儒学による武士の教育を進めた。全国の藩でも藩士やその子弟の教育のため，**藩校（藩学）**がつくられた。

演習

問1　『自然真営道』の著者である安藤昌益とほぼ同時代に活躍した人物を次の①〜④のうちから一つ選びなさい。
① 平田篤胤　　② 賀茂真淵　　③ 緒方洪庵　　④ 山鹿素行

問2　史料の下線部「自然の世」とは，どのような社会だと安藤昌益は考えたか，史料をもとに説明しなさい。

考察

問 江戸時代の身分制度を「士農工商」と表すことがある。4つの身分について，職業の特徴にふれながら説明しなさい。

センター試験にチャレンジ

▼次の文を読み，下の問いに答えよ。

　前近代における様々な抑圧の根幹となってきたものの一つに，身分制による支配があった。近世においては，身分は，職業とそれに対応した義務に結びついていた。そうしたなかで，特定の身分の者が特に賤視されて，職業の制限など厳しい差別の対象となることがあった。（以下略）

問　下線部に関連して，近世の身分制と職業について述べた次の文ア～ウについて，その正誤の組合せとして正しいものを，下の①～⑥のうちから一つ選べ。

ア　近世中期には，安藤昌益のように，万人がみずから耕作する社会を理想とし，身分制を強く批判する思想家もあらわれた。

イ　城下町では，統治を担う武士は武家屋敷地に集住させられたが，手工業者や商人は，居住地を制限されなかった。

ウ　牛馬の死体の処理に携わり，かたわら農業に従事するものを非人とよんだ。

① ア―誤　イ―正　ウ―正　　② ア―正　イ―誤　ウ―誤
③ ア―誤　イ―誤　ウ―正　　④ ア―正　イ―正　ウ―誤
⑤ ア―誤　イ―正　ウ―誤　　⑥ ア―正　イ―誤　ウ―正

（1999・A本試）

45 川柳──『誹風柳多留』

『詳説日本史』p.230

史料

川柳──『誹風柳多留』

口語訳

A 侍が、楊枝屋をたびたび訪れては楊枝を買っていく
B 役人の子は、赤ん坊のころから、わいろを求めるしぐさをよく覚える
C 芭蕉さんは、ぽちゃんという水の音がすると、蛙が飛び込む音と思って立ち止まる
D 石川五右衛門は、釜ゆでの刑のさなかに一首詠んだそうだ
E 嫌がる子どもに、雷をまねしてやっとはらがけをさせた

A 侍が来ては買ってく高楊枝❶
B 役人の子はにぎにぎを能く覚え❷
C 芭蕉翁ぽちゃんと云ふと立ちどまり❸
D 五右衛門はなまにえの時一首よみ
E かみなりをまねて腹掛やっとさせ❹

❶「武士は食わねど高楊枝」は、侍の清貧や体面を重んじる気風や、やせ我慢を風刺した句。この句は、そんな侍が、美人の店員目当てに来店しては楊枝を買っていくことを風刺した句。❷役人が賄賂を求める世相を風刺している句。❸松尾芭蕉の「古池や蛙飛び込む水の音」句にかけて、芭蕉をからかっている句。❹雷が子どものへそを取るという言い伝えを使って、嫌がるはらがけをさせたという句。

❖ 史料の背景とキーワード ❖

江戸時代の文学は、身近な政治や社会のできごとを題材とするようになり、広く民衆の親しむものとなった。**川柳**は、俳句の形式を借りて世相や風俗を風刺する分野の文学である。前句付けの付句が独立した五七五の17字が基本。川柳という名称は、代表的な点者（句会で評点を付ける人）であった初代**柄井川柳**の名に由来している。形式には、季語や切れ字などの制約はなく、口語を用い、人生の機微や世相・風俗を**滑稽**に、また**風刺的**に描写するのが特色である。史料の『**誹風柳多留**』は167編あるが、第1編の発行は1765（明和2）年で、初代川柳が中心撰者である。

演習

問　川柳や狂歌には，幕府の政治を批判した内容のものも多くある。天保の改革を批判したものを，次の①～④のうちから一つ選びなさい。また，その句が風刺している政策を答えなさい。

① 水引いて十里四方はもとの土
② 是(これ)小判たった一ト晩居てくれろ
③ 上げ米(あげまい)といへ上米(べい)は気に入らず　金納ならばしじうくろふ(始終苦労)ぞ
④ 白河の清きに魚のすみかねて　もとの濁りの田沼こひしき

句：　　　　政策：

考察

問　下の解説文を参考に，次の川柳の空欄に適する語を入れなさい。

　　降る雪の　白きを見せぬ　□□□

　この川柳が生まれたのは，1757(宝暦7)年。五街道の起点となった江戸のある場所には，魚市場もあり，終日(しゅうじつ)，人馬が行き交っている。絶えることのない往来に踏み荒らされて，雪が降っても降っても積もることはないから，雪化粧というわけにはいかない。これでは絵にならないというほどのにぎわいぶりは，そのまま江戸の繁栄を物語っている。

************************** センター試験にチャレンジ **************************

問　田沼意次や松平定信が政治の実権を握っていたころの世相を風刺した次の川柳の背景について述べた文として正しいものを，下の①～④のうちから一つ選べ。

　　役人の子はにぎにぎをよく覚え

① これは，田沼意次の時代に銀座が設立された事を詠んだものである。
② これは，田沼意次の時代に賄賂が横行したことを詠んだものである。
③ これは，松平定信の時代に武道が奨励されたことを詠んだものである。
④ これは，松平定信の時代に学問が奨励されたことを詠んだものである。

(2004・B追試)

46 海防論

史料
海防論

口語訳

(a)現在の習慣では，異国船の入港は長崎に限定されており，ほかの港に入港することは決してないと考えられている。しかし，そうした考えは，あまりに太平の世に慣れてしまい，楽観のしすぎというべきである。……現在長崎に厳重に大砲の備えがあるのに，安房・相模の港にはその備えがない。このことはたいへん理解に苦しむ。よくよく考えてみれば(b)江戸の日本橋から清国やオランダまで海の道でつながっている。それなのに(c)ここに備えないで，長崎のみに備えるのはなぜなのか。

(a)当世の俗習にて，異国船の入津❶ハ長崎に限たる事にて，別の浦江船を寄ル事ハ決して成らざる事ト思リ。実に太平に鼓腹❷する人ト云ベし。……当時長崎に厳重に石火矢❸の備有て，却て安房，相模の海港に其備なし。此事甚不審。細カに思へば(b)江戸の日本橋より唐❹，阿蘭陀迄境なしの水路也。然ルを(c)此に備へずして長崎のミ備ルは何ぞや。 　　（『海国兵談』）

❶入港。❷太平を楽しむさま。❸大砲のこと。❹中国のことで，当時は清国。

❊ 史料の背景とキーワード ❊

江戸時代後期の経世思想家の一人**林子平**は，長崎での情報をもとに，北方海域におけるロシアの南下に注目して1786（天明6）年に『**三国通覧図説**』，1791（寛政3）年に『**海国兵談**』を著し，世に警鐘を鳴らした。しかし，当時，**寛政の改革**を進めていた老中**松平定信**は，子平の海防論を幕政批判とみて処罰した。さらに，1792年にはロシアの使節**ラクスマン**が通商を求め漂流民を伴って根室に来航し，幕府に大きな衝撃を与えた。

林子平は島国だからこそ，異国船がどこの港にも寄港することができると警告しているが，これは，島国である日本は外敵からの侵入に対して安全であるという従来の発想からの大きな転換とみられる。

演習

問1 史料の下線部(a)について，「異国船の入港は長崎に限定されており」とあるが，このような幕府の外交方針を何というか。

問2 史料の下線部(c)について，「ここに備えないで，長崎のみに備えるのはなぜなのか」とある。これについて次の問いに答えなさい。

(1) ①「ここ」とはどこで，②何を備えるべきと説いているか，答えなさい。

① 　　　　　　　　　　　　②

(2) その理由を述べなさい。

考察

問 史料の下線部(b)「江戸の日本橋から清国やオランダまで海の道でつながっている」と林子平が説く背景には，日本を取り巻くどのような国際情勢の変化があったか，説明しなさい。

★★★★★★★★★★★★★★★★★★★★ センター試験にチャレンジ ★★★★★★★★★★★★★★★★★★★★

▼AとBの文を読み，設問に答えなさい。

A 外国船が日本の近海に出現し始めると，長崎で学び蘭学者と交流のあった林子平は『　ア　』を著した。その中で林は，「江戸の　イ　より唐（清国），阿蘭陀迄境なし」と述べ，江戸と諸外国とは海でつながっており，さえぎるものが何もないのに，幕府の海防政策が長崎に限られていることを批判した。

問1 空欄　ア　・　イ　に入る語句の組合せとして正しいものを，次の①～④のうちから一つ選べ。
① アー海国兵談　イー日本橋
② アー戊戌夢物語　イー日本橋
③ アー海国兵談　イー堂島
④ アー戊戌夢物語　イー堂島

(2009・B本試)

B ロシアは，18世紀半ばには千島にまで勢力を伸ばしていたが，1792年には，ラクスマンを根室に，1804年にはレザノフを長崎に送り通商を求めた。これに対して幕府は，鎖国の方針をたてて拒否したが，ロシアの蝦夷地進出に強い危機感をいだくようになった。

問2 下線部のような危機感に基づいて，18世紀末以降に幕府がとった対応策について述べた文として誤っているものを，次の①～④のうちから一つ選べ。
① 間宮林蔵に命じて，樺太とその対岸の探検をさせた。
② 東蝦夷地，西蝦夷地を，相次いで幕府の直轄地とした。
③ 近藤重蔵に命じて，千島の探検をさせた。
④ 林子平に命じ蝦夷地の探検をさせ，交易の可能性を探らせた。

(1993・本試)

問1	問2

47 寛政の改革への風刺

第Ⅲ部 近世

『詳説日本史』p.234

史料
寛政の改革への風刺

口語訳
A　この世の中に，蚊くらい(これほど)うるさいものはない。(a)ぶんぶん(文武)と音をたてて，夜も眠ることができない。
B　(b)水が汚れていない川(白河)では，きれいすぎてかえって魚は住みにくい。以前の水が濁っていた田んぼや沼(田沼)を魚は恋しがっている。

A　世の中に蚊ほど❶うるさきものはなし　(a)ぶんぶ❷といふて夜もねられず
B　(b)白河の清きに魚のすみかねて　もとの濁りの田沼こひしき
❶「かほど(これほど)」と掛詞。❷蚊のぶんぶんという羽音と，文武奨励とを掛けている。

❊ 史料の背景とキーワード ❊

　寛政の改革が始まったのは，1787(天明7)年，**天明の飢饉**に伴い江戸で打ちこわしが起こり，田沼意次政権が崩壊した年である。老中**松平定信**は，田沼政治を改め，祖父である徳川吉宗の政治を理想として，幕府財政の立て直し，公儀権威の回復，本百姓体制の再建に主眼をおいた。そのための政策として，倹約令を出したり，風俗の取締りを強化したりした。また，武士の質実剛健な気風を取り戻そうと，学問と武芸を奨励した。さらに，旧里帰農令・囲米の制・七分積金・人足寄場などの社会政策にも力を入れ，都市の治安回復，農村の復興を図った。定信の改革は，ある程度の効果をあげたが，厳しすぎて不評を買い，**尊号一件**で11代将軍家斉と対立したこともあり，6年ほどで定信は老中を退いた。

演習

問1　定信が，困窮した旗本・御家人を救済するために，札差からの借金を帳消しにすることなどを定めた法令を何というか。

問2　次の史料中の下線部「正学」は，寛政の改革で奨励された学問を指している。口語訳史料の下線部(a)に関連するこの学問は何か。
　「門人たちが異学を学ぶことを厳しく禁じる。また，自分の門下に限らず他の門下とも話し合い，正学を講義・研究し，人材を取り立てるよう心掛ける事。(急度門人ども異学相禁じ，猶又，自門に限らず他門に申し合せ，正学講窮致し，人材取立候様相心掛申すべく候事)」

考察

問 史料の下線部(b)について、①この「白河」とは誰のことか。②また、その政治が庶民にどう受けとめられたか。史料Bをもとに説明しなさい。

① ②

************************ **センター試験にチャレンジ** ************************

▼次の文を読み、下の問いに答えよ。

幕府は享保改革期以降6年に1度全国の人口調査を行っていて、断片的ではあるがそのデータが残されている。それによれば全国的には幕末にいたるまでに人口は微増しているが、ⓐ地域によってはかなり減少していることがわかる。こうした状況に対してⓑ幕府や諸藩はさまざまな農村復興策を打ち出している。

問1 下線部ⓐのような人口減をもたらした理由の一つに飢饉の発生があげられる。近世の三大飢饉に関連して述べた次の文ア〜ウについて、その正誤の組合せとして正しいものを、下の①〜④のうちから一つ選べ。
ア 享保の飢饉への対応に失敗したため、側用人柳沢吉保は責任を問われて辞職した。
イ 天明の飢饉は、全国のなかでも東北地方にとりわけ大きな被害をもたらした。
ウ 天保の飢饉で困窮した人々によって、甲斐国などでは大規模な一揆が引き起こされた。
① ア―正 イ―正 ウ―誤　② ア―正 イ―誤 ウ―誤
③ ア―誤 イ―誤 ウ―正　④ ア―誤 イ―正 ウ―正

問2 下線部ⓑに関して、寛政改革期に出された幕府の施策について述べた文として誤っているものを、次の①〜④のうちから一つ選べ。
① 飢饉に備えて、社倉や義倉を作らせた。
② 治安維持のため、関東取締出役を設けた。
③ 旧里帰農令を出して、江戸に流入した人々の帰農を奨励した。
④ 他国への出稼ぎを制限した。

問3 幕府の寛政の改革とほぼ同時期に行われた諸藩の改革の内容に関して述べた文として正しいものを、次の①〜④のうちから一つ選べ。
① 財政難の克服のために、奢侈的な消費を奨励して、経済の活性化をはかった。
② 領内の特産品を専売制にして藩財政の再建をはかった。
③ 領内の農民に農業技術を指導する目的で、藩校を設立した。
④ 洋式技術を導入した反射炉や紡績工場などを建設した。

(2000・B本試)

問1	問2	問3

第Ⅲ部 近世
48 異国船打払令（無二念打払令）

『詳説日本史』p.237

史料
異国船打払令（無二念打払令）

［口語訳］
……そもそも(a)イギリスに限らず，南蛮・西洋の国は，わが国で禁止しているキリスト教の国であるので，今後どこの海辺の村であっても，外国船がやって来たのを見たならば，そこに居合わせた人で協力して，有無をいわせず，すぐに打ち払いなさい。逃げていくものには追いかける必要はないが，もし強引に上陸したならば，捕まえ，または殺してもかまわない。……(b)もし見間違えて打ち払ってしまってもとがめないので，迷うことなく，打ち払うことを心がけ，ときを逃さぬようにすることが大切である。これを油断なく命令せよ。

――――

……一体(a)いきりすニ限らず，南蛮・西洋の儀は，御制禁邪教❶の国ニ候間，以来何れの浦方❷ニおゐても，異国船乗寄せ候を見受け候ハバ其所ニ有合せ候人夫を以て，有無に及ばず，一図❸ニ打払ひ，逃延び候ハバ，追船等差出すに及ばず，其分ニ差置き，若し押して上陸致し候ハバ，搦捕り，又は打留め候ても苦しからず候。……(b)万一見損ひ打誤り候共，御察度❹はこれ有る間敷候間，二念無く❺打払ひを心掛け，図を失わざる様❻取計ひ候処，専要の事に候条，油断無く申し付けらるべく候。
（『御触書天保集成』）

❶キリスト教。❷海辺の村。❸ひたすら。❹とがめ，非難。❺迷うことなく。❻時機を逃さぬよう。

❀ 史料の背景とキーワード ❀

欧米諸国のアジア進出に伴い幕府もその対応に苦慮していたが，1806（文化3）年には外国船に対して必要な燃料や水を供給して帰らせるよう命じ，穏健な態度で武力衝突を避けようとしていた。ところが，1808年にイギリス軍艦の**フェートン号**が長崎に侵入し，当時イギリスの敵国だったオランダ商館員を人質に，薪水・食料を強要した。やがてイギリス船は退去したが，この「**フェートン号事件**」は幕府の対外的危機感を高めることになった。その後もイギリスなどの船が日本近海に出没したので，ついに幕府は1825（文政8）年，**異国船打払令**を出し，外国船を撃退するよう命じた。このため1837（天保8）年には，アメリカの商船**モリソン号**が，日本の漂流民の送還と貿易交渉のために来航した際，これを撃退する事件が起こった。

演習
問1 史料の下線部(a)について，イギリスの軍艦が1808年に長崎に侵入し，薪水・食料を強要した事件を何というか。

問2　史料の下線部(b)にあるように，幕府は本来打ち払うべきではない異国船を間違えて打ち払ってしまっても責任は問わないとしたが，ヨーロッパの国々の中で，打ち払うべきではない国とはどこか。

考察

問　1842(天保13)年には，異国船打払令を緩和した薪水給与令が出されるが，幕府が政策の方針転換をしたもっとも大きな理由は何だろうか。海外情勢の変化に着目して説明しなさい。

************************ センター試験にチャレンジ ************************

▼近世の外交・政治・社会に関する次の文を読み，下の問いに答えよ。(史料は，一部省略したり，書き改めたりしたところもある。)

　異国船来航への危機感をもった江戸幕府は，19世紀半ばに『通航一覧』を編纂した。『通航一覧』は，1825年までの対外交渉に関する史料集である。それによると，幕府は17世紀前半に，日本と諸外国の外交制度を定め，朝鮮と琉球は「通信」の国，中国とオランダは「通商」の国として，それ以外の諸外国が日本に来ることを禁じた，という。「通信」とは，国と国との正式の外交関係を意味し，「通商」とは，外交関係がない貿易だけの関係を意味している。

問　下線部に関連して，異国船の日本来航，またはそれへの対応に関して述べた次の文Ⅰ～Ⅲについて，古いものから年代順に正しく配列したものを，下の①～⑥のうちから一つ選べ。
Ⅰ　イギリス軍艦フェートン号が長崎に侵入した。
Ⅱ　アヘン戦争の情報を受けた幕府により，薪水給与令が出された。
Ⅲ　異国船打払令(無二念打払令)が出された。
①　Ⅰ―Ⅱ―Ⅲ　　②　Ⅰ―Ⅲ―Ⅱ　　③　Ⅱ―Ⅰ―Ⅲ
④　Ⅱ―Ⅲ―Ⅰ　　⑤　Ⅲ―Ⅰ―Ⅱ　　⑥　Ⅲ―Ⅱ―Ⅰ

(2011・B本試)

49 人返しの法

第Ⅲ部　近世

『詳説日本史』p.239

史料
人返しの法

口語訳

一　農村に住んでいる者が，家や財産を捨てるなどして村を離れ，江戸へ出て来て江戸の人別帳に登録することは，今後，決して許さない。……

一　近ごろ，江戸市中に入り込んで裏通りの長屋などを借りて住んでいる者の中には，妻子などもなく，一年契約の奉公人と同様に一時的に江戸に出て住んでいる者もいるだろう。<u>そのような類の者は，早速農村に呼び戻すこと</u>。……

一　在方のもの身上相仕舞い，江戸人別に入候儀，自今以後決して相成らず。……

一　近年御府内江入り込み，裏店等借請居り候者の内ニハ妻子等も之無く，一期住み同様のものも之有るべし。左様の類ハ早々村方江呼戻し申すべき事。……

（『牧民金鑑』）

史料の背景とキーワード

　幕藩体制は，農村に暮らす本百姓が納める年貢などにより成り立っていた。江戸時代の後半になると，本百姓の一部は豪農として裕福になったものの，多くの百姓は，商人や豪農にその利益を奪われ土地を失い貧農に没落してしまった。土地を失った貧農の一部は，生業を求めて農村から江戸へと移動し，これによって農村の荒廃が進んだ。**天保の飢饉**は，こうした状況に拍車をかけた。
　こうした中で**天保の改革**に着手した**水野忠邦**は，享保の改革や寛政の改革にならい，**倹約令**を出し，ぜいたく品や華美な衣服を禁じ，庶民の風俗も取り締まった。ついで，江戸の人別改めを強化し，百姓の出稼ぎを禁じて，江戸に流入した貧民の帰郷を強制する**人返しの法**を出し，天保の飢饉で荒廃した農村の再建を図ろうとした。

演習

問1　この法令が出された時期におこなわれていた改革の名称を答えなさい。

問2　史料の下線部について，幕府はどのような人々を「農村に呼び戻す」よう命じたのだろうか。口語訳史料中の言葉を用いて答えなさい。

考察

問　この法令のねらいは，天保の飢饉で荒廃した村々を再建することにあった。この法令によって幕府のねらい通りに社会は変化したのだろうか。根拠をもとに推論しなさい。

********************** センター試験にチャレンジ **********************

問　水野忠邦は次のような法令を出している。この史料から読み取れることについて述べた文章として正しいものを，下の①～④のうちから一つ選べ。

　　近年御府内(注1)へ入り込み，裏店(注2)等借り請け居り候者の内には妻子等もこれ無く，一期住み(注3)同様のものもこれ有るべし。左様の類は早々村方へ呼び戻し申すべき事。

　　　　(注1)御府内とは江戸を指す。(注2)町屋敷の裏にある借家のこと。(注3)一年契約の奉公人のこと。

① 農民の妻帯を禁止している。
② 農民の出稼ぎを奨励している。
③ 江戸への流入者を定住させようとしている。
④ 江戸への流入者を帰村させようとしている。

(2005・B本試)

50 株仲間の解散

『詳説日本史』p.240

史料
株仲間の解散

> 【口語訳】
> 菱垣廻船積問屋たちがこれまで毎年冥加金を納めてきたが、問屋たちが不正を働いているとの噂もあるので、以後、納める必要はないこととする。ただし、今後は株仲間の証明となる株札（鑑札）はもちろん、このほかすべて、問屋仲間および組合などをとなえることを禁止するので、そのことを申し渡しなさい。
> 一　右については、これまで菱垣廻船が積んできた品物はもちろん、すべていかなる国のいかなる品であっても、株仲間に属さない一般商人が直接取引することを自由とする。また、諸藩の国産品、そのほかすべて江戸に送られた品々についても、問屋に限らずそれぞれ出入りの商人らが引き受け、売りさばくことも自由になるので、そのことを申し渡しなさい。

　菱垣廻船積問屋共より是迄年々冥加❶上納金致し来り候処、問屋共不正の趣も相聞え候ニ付、以来上納ニ及ばず候。尤、向後右仲間株札ハ勿論、此外共都て問屋仲間并組合抔と唱候儀は、相成らず候間其段申し渡さるべく候。
一　右ニ付てハ、是迄右船ニ積み来り候諸品ハ勿論、都て何国より出候何品にても、素人直売買❷勝手次第たるべく候。且又諸家国産類❸、其外惣て江戸表江相廻し候品にも、問屋ニ限らず、銘々出入のもの共引き受け、売捌候義も是又勝手次第ニ候間、其段申し渡さるべく候。
（『天保法制』）

❶江戸時代の雑税の一つ。商工業者などが営業免許や利権を得た代償として、利益の一部を幕府または領主に納めたもの。❷仲間に入っていない一般・在郷商人（地方の特産物を取り扱うことで成長した農村の商人）の直接取引。❸諸藩の国産品。

❖ 史料の背景とキーワード ❖

　天保の改革を主導した**水野忠邦**は、当時、いっそう深刻化していた都市の物価問題の解決を図るべく、1841（天保12）年12月に不正な談合により物価を高騰させているという理由をあげ、江戸の十組問屋に**株仲間の解散**を命じた。さらに翌年3月には対象を全国の株仲間に拡大した。これは、株仲間の独占を排し、**在郷商人**ら株仲間以外の商人に自由な取引を認めることにより江戸への物資流入量が増え、物価も下落すると判断したからである。しかし、当時は、**国訴**の頻発が象徴するように在郷商人らの自立的な活動が活発化し、さらに諸藩が**専売制**で集荷した国産品が大量流通するなど、従来の大坂・江戸を中心とした流通機構を超えた新たな全国市場を形成する動きが進みつつあり、幕府の思惑通りにはいかなかった。株仲間の解散はかえって混乱をまねき、1851（嘉永4）年には再興された。

演習
問1　株仲間商人から徴収し、幕府が財源の一つにしていたものは何か。口語訳史料からその言葉を抜き出しなさい。

問2 株仲間を解散させたのは，どのような問題に対処するためか。

問3 幕府はどのようなことがその問題の解決につながると期待したか。

考察
問 株仲間の解散令が目的を達せず失敗した原因について，商品流通の仕組みの変化に着目して説明しなさい。

センター試験にチャレンジ

▼次の史料を読み，下の問いに答えよ。

　近年都下十組の問屋とか申すもの権を得，党を結び候よしにて，水戸のごとき小邑(注1)さえこれが為に嘆き候ものおびただしく候間，大名一統の患い，いかほどにこれ有るべきや，(中略)しかれば，十組の悲しみ万人の嘆きにはかえがたく候間，一切御止め，諸国より万物自由に都下へ漕輸(注2)，なおまた自由に売り出し候わば，物価騰貴の患いも一段相違致すべきやの事。
　　　　　　　　(水戸藩主徳川斉昭が幕府老中に差し出した意見書 『水戸藩史料』より)
　(注1)小邑は，ここでは小さな城下町の意。(注2)漕輸は，船で物を送ること。

問1 史料と同様な趣旨で行われた幕府の政策について述べた文として，最も適当なものを，次の①～④のうちから一つ選べ。
① 運上・冥加などの営業税をとるために，株仲間の公認をすすめた。
② 大坂・江戸間に菱垣廻船・樽廻船を就航させた。
③ 雑穀・水油・蠟・呉服・生糸の五品江戸廻送令を出した。
④ 物価を引き下げるために，株仲間を解散させた。

問2 史料の意見書が提出された時期，幕府は幕政の改革を進めていた。この幕府の改革について述べた文として誤っているものを，次の①～④のうちから一つ選べ。
① 林家の聖堂学問所を官立の昌平坂学問所に改めた。
② 農村から江戸に貧民が流入することに対して，人返しの法を出した。
③ 上知令を出して，江戸・大坂周辺を幕府直轄領に編入しようとした。
④ 質素・倹約を厳しく命じ，華美な風俗を禁止した。

(1995・本試)

問1	問2

第III部 近世
51 貿易論

『詳説日本史』p.244

史料
貿易論

口語訳

　すべて大がかりな国の政務も重みのある儀式や城の建設も，わが国の力だけでは，国民が疲れてしまい，大きな事業を実行するのは難しい。しかし，外国と力を合わせれば，それがどんなに大きな事業であっても決して成し遂げられないことはない。……日本は海国であるので，外国への航海および海運による交易は，もともと将軍の仕事の中でも第一の政務であるから，世界各国へ船を派遣して，日本に必要な産物，および金銀銅を入手して輸入し，国力を充実させるのは海国の備えとして当然の方法である。自国の力で国を治めるだけでは，国力はしだいに弱まって，その衰弱がみな農民にしわよせされ，その結果，農民が年々衰え減少するのは自然のなりゆきである。

　都て大造なる国務も，威儀，城郭も，我国の力のみを以てすれば，国民疲れて大業なしがたし。外国の力を合てするを以て，其事如何なる大業にても成就せずと云ことなし。……日本は海国なれば，渡海・運送・交易は，固より国君❶の天職最第一の国務なれば，万国へ船舶を遣りて，国用の要用たる産物，及び金銀銅を抜き取て日本へ入れ，国力を厚くすべきは海国具足❷の仕方なり。自国の力を以て治る計りにては，国力次第に弱り，其弱り皆農民に当り，農民連年耗減するは自然の勢ひなり。
（『経世秘策』）

❶ここでは将軍のこと。　❷十分に備え，整える。

❖ 史料の背景とキーワード ❖

　18世紀末は，幕府・諸藩の財政難，**商品経済の発展**に伴う農村の変質など幕藩体制の動揺がより進行し，あいつぐ災害・飢饉・拡大する農民の徒党・強訴といった現象に直面した時代であった。さらに，西欧諸国の日本近海への接近という外圧も加わり，こうした諸問題の克服に向け，批判的精神をもち，改革の方法を模索する思想家たちが多く現れた。
　本多利明もその一人で，1743（寛保3）年に生まれ，18歳で江戸に出て和算・天文学を学び，その後諸国を遊歴して地理・物産などを調査した。利明は，みずから見聞した**天明の飢饉**に象徴される農村問題や北方のロシア船来航問題などへの危機意識をもとに，その解決策として海外諸国との交易・属島開発（特に蝦夷地）を提案した。『**経世秘策**』や『**西域物語**』などの著書がある。

演習

問　本多利明は将軍の政務として、もっとも重要なことは何であると主張しているか。口語訳史料から抜き出しなさい。

考察

問　史料の下線部について、国の衰弱が農民にしわよせされるということは具体的にどのようなことか。また、それに対応して農民たちはどのような行動をとったか、説明しなさい。

＊＊＊＊＊＊＊＊＊＊＊＊＊＊＊＊＊＊ センター試験にチャレンジ ＊＊＊＊＊＊＊＊＊＊＊＊＊＊＊＊＊＊

▼次の二つの史料は、いずれも近世の中・後期の社会を改革するために経済の仕組みを変えようとする考えを述べたものである。

ア　天下の国産を、渡海(注1)・運送・交易をもって有無を通じたらば、国中の産物に盈闕(注2)もなくなり、(中略)天文・地理・渡海の法をもって今日の急務とし、是に仕向けすれば、其器に当たる者(注3)何程も出来、国家の要用に達する也。　　　　　　　　　　　　　　　　　（『西域物語』）
　　　（注1）渡海とは、外国への渡航のこと。（注2）盈闕とは、過不足のこと。（注3）器に当たる者とは、ふさわしい才能のある者のこと。

イ　それ国を富ましむるの経済は、まづ下民を賑はし、而して後に領主の益るべき事をはかる成るべし。(中略)定まれる作物の外に余分に得ることさとしめば、一国潤ふべし。　　　　　　　（『広益国産考』）

問1　史料ア・イについて述べた文として正しいものを、次の①〜④のうちから一つ選べ。
① 史料アでは、海外貿易などの必要と学問や技術の重要性が説かれている。
② 史料アでは、鎖国政策を強化するために、学問を盛んにすることが説かれている。
③ 史料イでは、武士が農民を支配する身分制社会を否定し、封建制度が批判されている。
④ 史料イでは、年貢を増加して領主の財政を安定させることが何よりであると説かれている。

問2　史料ア・イの著者名の組合せとして正しいものを、次の①〜④のうちから一つ選べ。
① ア―太宰春台　イ―宮崎安貞　　② ア―太宰春台　イ―大蔵永常
③ ア―本多利明　イ―宮崎安貞　　④ ア―本多利明　イ―大蔵永常

(1997・B本試)

問1	問2

第Ⅳ部 近代・現代
52 オランダ国王の開国勧告

『詳説日本史』p.251

史料
オランダ国王の開国勧告

口語訳

……これまでの世の中の動きを考えてみると，世界中の人々はすぐに仲良くなるものであって，その動きは人の力で防げるものではありません。蒸気船の発明以来，世界中の国は遠く離れていながら，あたかも近くにあることと変わらないかのようです。このように，お互い親しく交流をする世の中にありながら，国交を閉ざしてしまうのは，好ましくありません。<u>あなたの国が昔からの法律で外国との交流を厳禁している</u>のはヨーロッパで広く知られています。……以上のことを将軍に忠告いたします。

……謹んで古今の時勢を通考するに，天下の民ハ速ニ相親しむものにして，其勢ハ人力のよく防ぐ所に非ず。蒸気船❶を創製せるにより，以来各国相距ること遠くて猶近きに異ならず。斯の如く互に好を通ずる時に当りて，独国を鎖して万国と相親しまざるハ人の好ミする所にあらず。<u>貴国歴代の法に異国の人と交を結ぶことを厳禁したまふ</u>ハ，欧羅巴州にて遍く知る所なり。……是に殿下❷に丁寧に忠告する所なり。 　　（『通航一覧続輯』）

❶1807（文化4）年アメリカ人フルトンが発明。 ❷将軍のこと。12代将軍家慶。

❋ 史料の背景とキーワード ❋

　18世紀末から19世紀にかけて，ロシア・イギリス・アメリカの船が日本近海に現れ，幕府の対外政策に影響を与えた。1804（文化元）年のレザノフ来航を機に，薪水を供給するなど，住民と船員の衝突を回避する方針をとった（文化の撫恤令）。しかし，1808年にフェートン号事件が起こると，大名に命じて全国各地の海岸線に台場を設け，大砲を備えさせた。1825（文政8）年には**異国船打払令**（無二念打払令）を出し，外国船を撃退するように命じた。1840年の**アヘン戦争**での清国の劣勢は幕府にとって大きな衝撃となり，1842（天保13）年には異国船打払令を緩和して**薪水給与令**を出した（その後，清国は敗北して**南京条約**を締結）。

　オランダは鎖国下の日本と貿易をおこなっていた欧米唯一の国で，幕府はオランダ風説書から海外の情報を得ていた。オランダは列強諸国に対してリーダーシップを握り，優位性を確保しようと考え，開国勧告を出した。

演習

問1　史料の下線部に関して，日本が限られた国・地域としか交流をもたなかった状態を何というか，答えなさい。

問2　問1の状態が完成されたときの将軍は誰か答えなさい。

問3　勧告が出された時期には，欧米の人々がしきりに日本を訪れるようになった。そのような状況になったきっかけは史料でどのように書かれているか，口語訳史料中の言葉を用いて答えなさい。

考察

問　オランダ国王が日本に開国を勧告した背景について，この勧告が出された時期のアジアを取り巻く情勢にふれながら説明しなさい。

************************ センター試験にチャレンジ ************************

問1　17世紀後半から19世紀にかけての江戸幕府の政策について述べた文として誤っているものを，次の①〜④のうちから一つ選べ。
① 日本人の自由な海外渡航は禁止されていた。
② キリスト教が禁圧されていた。
③ オランダ船との貿易は長崎に限定されていた。
④ ロシアとの間に条約を結び，国境を定めていた。

問2　19世紀の対外関係に関して述べた以下の文Ⅰ〜Ⅲについて，古いものから年代順に正しく配列したものを，下の①〜④のうちから一つ選べ。
Ⅰ　長州藩の砲台を，四国連合艦隊が攻撃した。
Ⅱ　異国船打払令（無二念打払令）をゆるめて，薪水給与令が出された。
Ⅲ　ロシア使節レザノフが，通商を求めて長崎に来航した。
①　Ⅰ―Ⅱ―Ⅲ　　②　Ⅱ―Ⅲ―Ⅰ　　③　Ⅲ―Ⅰ―Ⅱ　　④　Ⅲ―Ⅱ―Ⅰ

(2008・A本試)

問1	問2

第Ⅳ部 近代・現代
53 日米修好通商条約

『詳説日本史』p.253

史料
日米修好通商条約

口語訳

第三条　下田・箱館港のほか，次に記す場所を左の期日から開港する。
　神奈川……1859年7月4日
　長崎……神奈川と同じ
　新潟……1860年1月1日
　兵庫……1863年1月1日
　……神奈川港を開いた6カ月後に下田港は閉鎖することとする。この第三条の中に記した場所にアメリカ人が住むことを許可する。
　……(a)日本人とアメリカ人がものを売買することはすべて支障ない。その貿易の仕方に日本の役人は干渉しない。
第四条　日本で輸出入する品物はすべて，別冊の通り日本の役所に(b)関税を納める。
第六条　日本人に対して罪を犯したアメリカ人は，(c)アメリカ領事裁判所で取調べを受けたあとで，アメリカの法律によって処罰する。アメリカ人に対して罪を犯した日本人は，日本の役人による取調べを受けたあとで日本の法律によって処罰する。

第三条　下田，箱館港の外，次にいふ所の場所を左の期限より開くべし。
　神奈川❶……西洋紀元千八百五十九年七月四日
　長崎……同断
　新潟……千八百六十年一月一日
　兵庫❷……千八百六十三年一月一日
　……神奈川港を開く後六ケ月にして下田港は鎖すべし。此箇条の内に載たる各地は亜墨利加人に居留を許すべし。
　……双方の国人，品物を売買する事総て障りなく，其払方等に付ては(a)日本役人これに立会はず。
第四条　総て国地に輸入輸出の品々，別冊の通❸，日本役所へ(b)運上を納むべし。
第六条　日本人に対し，法を犯せる亜墨利加人は，(c)亜墨利加コンシュル裁断所にて吟味の上，亜墨利加の法度を以て罰すべし。亜墨利加人へ対し法を犯したる日本人は，日本役人糺の上，日本の法度❹を以て罰すべし。
（『大日本古文書　幕末外国関係文書』）

❶実際には神奈川の南，横浜村を開港した。❷実際には神戸村を開港した。❸別冊の貿易章程七則に手続きなどが決めてあった。❹法律のこと。

❀ 史料の背景とキーワード ❀

1853（嘉永6）年にアメリカ東インド艦隊司令長官の**ペリー**が軍艦4隻を率いて浦賀に現れた。幕府が対応に苦慮しているうちに，翌年ペリーは軍艦7隻を率いて再び来航した。このアメリカの強硬姿勢に折れて**日米和親条約**が結ばれ，幕府は鎖国から方針を完全に転換した。1856（安政3）年にアメリ

カ総領事として来日した**ハリス**は，貿易の開始を強く求めた。老中堀田正睦は勅許(天皇の許可)を求めたが，これを得ることができなかった。国内では**将軍継嗣問題**が起こっており，国外国内ともに問題を抱えていた。そこで，1858年に大老に就任した**井伊直弼**は，勅許を得られないまま**日米修好通商条約**を結び，また徳川慶福(14代将軍**徳川家茂**)を将軍とすることを決めた。

演習

問1 史料の下線部(ⓐ)に関して，この文は何を規定したものか答えなさい。

問2 史料の下線部(ⓑ)に関して，日本の関税をどのように決定するようにしたか答えなさい。

問3 史料の下線部(ⓒ)に関して，この文は何を規定したものか答えなさい。

考察

問1 ペリー来航後，幕府は朝廷や諸大名に対してどのような対応をしたか説明しなさい。

問2 問1の対応によって，条約勅許問題や将軍継嗣問題などの国内外の問題が深刻化した原因を，その対応と関連させて説明しなさい。

************************ **センター試験にチャレンジ** ************************

▼次の文を読み，下の問いに答えよ。

　1854年に日米和親条約が結ばれると，初代総領事　ア　が来日し，幕府に通商条約の締結を迫った。大老井伊直弼は，勅許を得られないまま日米修好通商条約に調印し，その後の安政の大獄を引き起こしたため，尊王攘夷運動がさらに広まることになった。そして井伊は尊攘派浪士によって桜田門外で暗殺され，公武合体を進めた老中　イ　も坂下門外の変で失脚した。

問　空欄　ア　，　イ　に入る語句の組合せとして正しいものを，次の①～④のうちから一つ選べ。
① ア―パークス　イ―阿部正弘
② ア―パークス　イ―安藤信正
③ ア―ハリス　　イ―阿部正弘
④ ア―ハリス　　イ―安藤信正

(2011・A本試)

54 王政復古の大号令

第Ⅳ部　近代・現代

『詳説日本史』p.258

史料
王政復古の大号令

> 口語訳
>
> 　内大臣徳川慶喜が，(a)これまで天皇から委任されていた政権の返上と，将軍職の辞退を申し出ていたが，この２つのことを，明治天皇はこのたびきっぱりとお聞き入れになられた。(b)嘉永6(1853)年以来，いまだかつてなかった困難が続き，先の孝明天皇が毎年大御心を悩ませられていた事情は，人々の知るところである。そこで明治天皇はお考えを決められて，王政復古，国威回復の基本方針をお立てになったので，今からは摂政・関白・幕府などを廃止し，ただちにまず仮に総裁・議定・参与の三職をおかれ，天下の政治をおこなわれることになった。すべて神武天皇がこの国を始められたときに基づき，公卿・武家・殿上人・一般の区別なく正当な論議をつくし，国民と喜びと悲しみをともにされるお考えなので，それぞれが努力し，従来のおごり怠けた悪習を洗い流し，忠義をつくして国に報いる誠の心をもって奉公するようにせよ。……

　徳川内府❶，(a)従前御委任ノ大政返上，将軍職辞退ノ両条，今般断然聞シメサレ候，(b)抑癸丑❷以来未曾有ノ国難，先帝❸頻年宸襟ヲ悩マセラレ候御次第，衆庶ノ知ル所ニ候，之ニ依リ，叡慮ヲ決セラレ，王政復古，国威挽回ノ御基立テサセラレ候間，自今摂関，幕府等廃絶，即今先ズ仮ニ総裁，議定，参与三職ヲ置カレ，万機行ハセラルベク，諸事神武創業ノ始メニ原ツキ，縉紳❹，武弁❺，堂上❻，地下❼ノ別無ク，至当ノ公議ヲ竭シ，天下ト休戚❽ヲ同ジク遊バサルベキ叡念ニ付キ，各勉励，旧来驕惰ノ汚習ヲ洗ヒ，尽忠報国ノ誠ヲ以テ，奉公致スベク候事，……

（『明治天皇紀』）

❶内大臣である徳川慶喜。❷1853（嘉永6）年。❸孝明天皇。❹公家。❺武家。❻昇殿を許された五位以上の人。❼六位以下の人。❽喜憂。

✲ 史料の背景とキーワード ✲

　第２次長州征討の失敗は，幕府の権威を大きく傷つけた。陣中で病没した徳川家茂のあとを受けて15代将軍となった**徳川慶喜**は，フランスの援助のもと幕政の立て直しにつとめた。これを警戒した薩長両藩は，1867（慶応３）年，武力倒幕を決意した。これに対し**公武合体**の立場をとる土佐藩は，倒幕派の機先を制して政権を朝廷に返還するよう将軍徳川慶喜に勧め，慶喜はこれを受け入れて，10月14日，**大政奉還の上表**を朝廷に提出した。倒幕派はこれに対し，12月９日，朝廷でクーデタを決行して**王政復古の大号令**を発し，天皇を中心とする新政府の樹立を宣言した。さらに，その夜の**小御所会議**で徳川慶喜に内大臣の辞退と領地の一部返上（**辞官納地**）を命じる処分を決定した。

演習

問1 史料の下線部(a)は10月14日に出されたが，具体的に何のことを指すか答えなさい。

問2 史料の下線部(b)に関して，かつてない困難のきっかけとなった1853年に起きたできごととは何か答えなさい。

問3 幕府や摂政・関白を廃止し，新たにどのような職を設置したか，口語訳史料から3つ抜き出しなさい。

考察

問 大政奉還に応じた徳川慶喜が辞官納地には反発したことから，内大臣の職と徳川家の領地は返上するつもりがなかったことがわかる。徳川慶喜はどのような政権構想をもって下線部(a)のような政権返上をおこなったのか説明しなさい。

センター試験にチャレンジ

▼次の文を読み，下の問いに答えよ。

　1867年，武力倒幕を決意した薩摩・長州藩に対し，土佐藩は，朝廷のもとで諸藩などの合議により国政を運営する新体制をめざし，朝廷への政権返上を幕府に建白した。15代将軍徳川慶喜はこれを受け入れ，大政奉還を朝廷に上表し，こうした諸藩連合の政権をみずからが主導することを意図した。しかし，薩摩藩などの策謀により王政復古の大号令が発せられ，幕府制度を廃止し，慶喜を政権から排除した新政府が成立する。

問 下線部に関連して，王政復古以後の政治・外交について述べた文として誤っているものを，次の①～④のうちから一つ選べ。
① 新政府は，箱館の五稜郭に立てこもった榎本武揚らを降伏させた。
② 新政府は，開国和親を基本とする外交方針を表明した。
③ 新政府は，徴兵令を公布し，薩長2藩の連合軍を創出した。
④ 新政府は，総裁・議定・参与の三職を置いて発足した。

(2013・A本試)

第Ⅳ部 近代・現代
55 五箇条の誓文

『詳説日本史』p.261

史料
五箇条の誓文

口語訳

一 広く会議を開いて，大切なことがらは公平な議論によって決める。
一 身分の高い者も低い者も心を合わせて，国を治め民衆を救う方策を盛んに進める。
一 公家と武家が一体となり，庶民に至るまで，みな思うように活動し，人々の気持ちをあきさせないことが必要である。
一 昔からの悪い習慣をやめ，世界の正しい道理に基づいて交流しなければならない。
一 知識を海外諸国をから取り入れて，天皇が治めるこの国の基礎を大いにふるい起こさなければならない。

一 広ク会議ヲ興シ万機❶公論ニ決スベシ
一 上下心ヲ一ニシテ盛ニ経綸❷ヲ行フベシ
一 官武一途庶民ニ至ル迄各其志ヲ遂ゲ人心ヲシテ倦ザラシメン事ヲ要ス
一 旧来ノ陋習❸ヲ破リ天地ノ公道ニ基クベシ
一 智識ヲ世界ニ求メ大ニ皇基❹ヲ振起スベシ

（『明治天皇紀』）

❶国家のまつりごと。❷国家を治める施策。❸悪い習慣。❹皇国の基。

❈ 史料の背景とキーワード ❈

　旧幕府軍は，1868(明治元)年1月に**鳥羽・伏見の戦い**で新政府軍に敗れ，4月には江戸城を無血開城した。新政府軍は**奥羽越列藩同盟**を結成した東北諸藩の抵抗を打ち破り，翌年5月に箱館の五稜郭の旧幕府軍を降伏させ，国内統一に成功した。この内戦を**戊辰戦争**という。戊辰戦争が進む中，新政府は諸外国に対して王政復古と天皇の外交主権掌握を告げて対外関係を整えた。ついで3月には**五箇条の誓文**を公布して，公議世論の尊重と開国和親など新政府の国策の基本を示し，天皇が百官を率いて神々に誓約する形式をとって天皇親政を強調した。五箇条の誓文は，はじめ諸侯会盟の議事規則として，参与由利公正・福岡孝弟らによって起草されたものであったが，のち**木戸孝允**が国としての進むべき基本方針を示す条文につくり変えた。

> **演習**

問　史料の下線部に関して，明治政府のどのような外交方針を表しているか説明しなさい。

> **考察**

　五箇条の誓文が出された翌日，新政府は全国の民衆に対して「五榜の掲示」を示した。これは5つの高札に次のような趣旨が書かれていた。

〈第一榜〉　一　人間たるものは五倫の道徳（君臣・父子・夫婦・長幼・朋友）の道を正しく守らなければならない。
　　　　　一　配偶者をなくした人，身よりのない人，身体障害者や病気の人には思いやりをもたねばならない。
　　　　　一　人を殺したり，家を焼いたり，財産を盗んだりなどの悪いことをしてはならない。
〈第二榜〉　一揆や強訴や逃散をしてはならない。
〈第三榜〉　キリスト教を信じることはこれまで通り堅く禁止する。
〈第四榜〉　外国人に対して暴行してはならない。
〈第五榜〉　逃げ隠れしてはならない。

問　五箇条の誓文と五榜の掲示において，新政府の方針は諸外国に公表されたものと国内の民衆に対するものとでは，どのような違いがみられるか，説明しなさい。

＊＊＊＊＊＊＊＊＊＊＊＊＊＊＊＊＊＊＊ センター試験にチャレンジ ＊＊＊＊＊＊＊＊＊＊＊＊＊＊＊＊＊＊＊

問　五箇条の誓文について述べた文として誤っているものを，次の①～④のうちから一つ選べ。
① 誓文の内容は，天皇が公卿と諸侯を率い，神々に誓う儀式で確認された。
② 由利公正らが起草した誓文草案は，木戸孝允の手で修正された。
③ 誓文は，国家を発展させるために，知識を海外に求める必要を説いた。
④ 誓文がいう公論尊重の趣旨は，五榜の掲示が出されたことで徹底された。

(2001・B 追試)

56 徴兵告諭

第Ⅳ部 近代・現代

『詳説日本史』p.264

史料
徴兵告諭

> **口語訳**
> ……さて，明治維新の版籍奉還で藩主は領地を朝廷へ返上し，辛未の年（1871年）には廃藩置県によって昔の郡県制に戻った。代々仕事もせずに生活してきた武士は，その家禄が減らされ，刀剣を差さなくてもよくなり，士農工商の四民にようやく自由の権利を獲得させようとしている。これは身分の上下をなくして人権を平等にする道であり，すなわち武士と百姓を一つに合わせるもとである。これにより，武士は今までの武士ではなく，人民は今までの人民ではなく，同じように皇国の一般人民であり，国に報いる道もそもそもその違いはない。およそこの世の中のすべての物事で税のかからないものはない。その税は国のために用いられる。それならば人である以上ははじめから心も体もつくして国に報いなければならない。西洋人はこれを血税と呼んでいる。その生き血によって国に報いるという意味である。……

　　……然ルニ太政維新列藩版図ヲ奉還❶シ，辛未ノ歳❷ニ及ビ遠ク郡県ノ古ニ復ス❸。世襲坐食❹ノ士ハ其禄ヲ減ジ，刀剣ヲ脱スルヲ許シ❺，四民漸ク自由ノ権ヲ得セシメントス。是レ上下ヲ平均シ人権ヲ斉一ニスル道ニシテ，則チ兵農ヲ合一ニスル基ナリ。是ニ於テ，士ハ従前ノ士ニ非ズ，民ハ従前ノ民ニアラズ，均シク皇国❻一般ノ民ニシテ国ニ報ズルノ道モ固ヨリ其別ナカルベシ。凡ソ天地ノ間一事一物トシテ税アラザルハナシ。以テ国用ニ充ツ。然ラバ則チ，人タルモノ固ヨリ心力ヲ尽シ国ニ報ゼザルベカラズ。西人❼之ヲ称シテ血税ト云フ。其生血ヲ以テ国ニ報ズルノ謂ナリ。……
　　　　　　　　　　　　　　　　　　　　　　　　　　　　（『法令全書』）

❶版籍奉還。❷1871年（明治4年）。❸廃藩置県。❹仕事もせずに生活すること。❺脱刀令。❻天皇の統治する国。❼西洋人。

❀ 史料の背景とキーワード ❀

　富国強兵を目指す明治新政府は，直轄軍の編制を課題としていた。1871（明治4）年には廃藩置県断行に備えて薩摩・長州・土佐の3藩から御親兵を募ったが，長州出身の大村益次郎は**国民皆兵**による近代軍隊創設の必要性を主張した。そして，その前提となる**四民平等**が実現され，武士身分が解体された。その後，大村は暗殺されたため，**山県有朋**がこれを引き継ぎ，1872年，**徴兵告諭**が発せられ，翌年1月に国民皆兵を原則とする**徴兵令**が公布された。これにより，それまでの身分にかかわらず，満20歳の男性から選抜された者が3年間の兵役につく体制が確立した。しかし，実際には数多くの免役規定があり，兵役についた者の多くは農家の次男や三男などであった。

演習

問1 史料では，かつての武士身分のことをどのような表現で批判しているか，口語訳史料から抜き出しなさい。

問2 近代的な国民皆兵制度が西洋から伝わったことがわかる部分を，口語訳史料から抜き出しなさい。

考察

問 徴兵告諭が出されたあと，各地で徴兵制度に反対する農民たちの一揆が多発したが，それはなぜか説明しなさい。

******************** センター試験にチャレンジ ********************

問 徴兵令に関して述べた次の文X・Yについて，その正誤の組合せとして正しいものを，下の①〜④のうちから一つ選べ。

X　軍人勅諭が布告されると，血税反対の一揆が起こった。
Y　徴兵令には，兵役免除の規定があった。

① X―正　Y―正　　② X―正　Y―誤
③ X―誤　Y―正　　④ X―誤　Y―誤

(2005・A本試)

57 学事奨励に関する太政官布告——被仰出書

『詳説日本史』p.270

史料

学事奨励に関する太政官布告——被仰出書（おおせいだされしょ）

口語訳

> 人々がみずから身を立て，生計を立て，生業を盛んにし，その人生をまっとうすることは，ほかでもなく，おこないを正し，知識を広め，才能や技芸を磨くことによって達成される。そして，おこないを正し，知識を広め，才能や技芸を磨くことは学問によって可能となる。これが学校を設置した理由であり，……人は才能のある分野に応じて勉学に励み，そしてはじめて生活を安定させ，財産を増やし，事業を盛んにさせることができる。だから，学問は身を立てることの資本ともいうべきものであり，人として生まれた以上は誰もが学ばなければならないのである。……これからは，一般の人民は華族も士族も，農工商および女性も，必ず村のすべての家庭が学校へ通わせ，家族のすべてが学校に通うこととしたい。人の父兄である者はよくよくこの考えを理解し，子弟を慈しみ，教育への熱意を厚くして，子弟を必ず学校に通わせなければならない。高尚な学問については，その人の能力に任せるが，幼い子弟について男女問わず小学校に通わせないのは，その父兄の責任を問われる……

　人々自ラ其（その）身ヲ立テ，其産ヲ治メ，其業ヲ昌（さかん）ニシテ，以テ其生ヲ遂ル所以（ゆえん）ノモノハ，他ナシ，身ヲ修メ智ヲ開キ才芸ヲ長ズルニヨルナリ。而（しか）シテ其身ヲ修メ智ヲ開キ才芸ヲ長ズルハ学ニアラザレバ能（あた）ハズ。是レ学校ノ設アル所以（ゆえん）ニシテ，……人能ク其才ノアル所ニ応ジ勉励（べんれい）シテ之ニ従事シ，而シテ後初メテ生ヲ治メ産ヲ興（おこ）シ業ヲ昌ニスルヲ得ベシ。サレバ学問ハ身ヲ立ルノ財本❶トモイフベキ者ニシテ，人タルモノ誰カ学バズシテ可ナランヤ。……自今（じこん）以後，一般ノ人民華士族卒農工商及婦女子必ズ邑（むら）ニ不学ノ戸ナク，家ニ不学ノ人ナカラシメン事ヲ期ス。人ノ父兄タルモノ宜（よろ）シク此意ヲ体認シ，其愛育ノ情ヲ厚クシ，其子弟ヲシテ必ズ学ニ従事セシメザルベカラザルモノナリ。高上ノ学ニ至テハ，其人ノ材能ニ任カストイヘドモ，幼童ノ子弟ハ男女ノ別ナク小学ニ従事セシメザルモノハ，其父兄ノ越度❷タルベキ事……

（『法令全書』）

❶財産と資本。　❷落ち度。

✽史料の背景とキーワード✽

1872（明治5）年，フランスの学校制度にならった学制が公布された。その前日に太政官より布告されたのがこの史料である。**国民皆学**（こくみんかいがく）を目指した明治政府は1871年に**文部省**を設置し，教育制度の整備に取りかかった。この史料にあるように，学問が身を立てるという**福沢諭吉**（ふくざわゆきち）の『学問のすゝめ』にも通じる功利主義的な思想が反映されている。学制によって全国に大学区・中学区・小学区を設け，小学校教育の男女義務化を図る計画であったが，この計画はあまりに画一的で現実とかけ離れており，また，学校の設立費や学費は父兄の負担であったため，各地で学制反対一揆も起こった。地方の実情を無視した画一的な強制に対する政府内外の批判から，1879年の**教育令**によって改められた。1886年には**学校令**が公布され，学校体系が整備された。

演習

問1　男女の義務教育が定められたことがわかる部分を，口語訳史料から抜き出しなさい。

問2　子弟に対して学校教育を受けさせる責任は誰に負わされたか，口語訳史料から抜き出しなさい。

考察

問　この史料では，学校を設置した理由は何であると述べられているか答えなさい。

＊＊＊＊＊＊＊＊＊＊＊＊＊＊＊＊＊＊＊＊　センター試験にチャレンジ　＊＊＊＊＊＊＊＊＊＊＊＊＊＊＊＊＊＊＊＊

▼次の文を読み，下の問いに答えよ。

　明治政府は1871年文部省を設置し，フランスなどに範をとりながら，翌年には学制を発布した。それは，「学問は身を立るの財本」であるとする実学主義に立ち，「邑に不学の戸なく家に不学の人なからしめん」との国民皆学の理念の下に，近代的な学校教育制度の確立をめざしたものであった。

問　下線部に関連して，19世紀後半の教育・思想について述べた文として誤っているものを，次の①〜④のうちから一つ選べ。
① 中江兆民は，『民約訳解』でヘボンの思想を紹介した。
② 福沢諭吉は，慶応義塾を創立した。
③ 人間の思想・自由を説いた天賦人権思想が導入された。
④ 新島襄は，同志社（同志社英学校）を創立した。

(2004・B本試)

58 民撰議院設立の建白

『詳説日本史』p.275

史料
民撰議院設立の建白

> **口語訳**
>
> (a)私たちがつつしんで、政治の実権を握っているのは誰かと考えると、皇室や人民ではなく、(b)上級の役人だけのものになっている。……さまざまな政府の命令や法令が頻繁に変わり、政治が個人的な感情でおこなわれ、賞罰は好き嫌いで決められている。言論発表の道がふさがれており、苦しみを告げることもできない。……私たちは国を愛する気持ちをおさえることができず、(c)この状況から救う道を考えたが、ただ(d)天下の世論を盛んにするしかなく、それには民撰議院を設立するほかはない。つまり、上級の役人の権限を制限することで、皇室や人民は安全で幸福な状況になるだろう。このことを主張したい。人民の中で政府に税を納めている者は、政府がおこなう政治についてあらかじめ知り、それがよいか悪いか議論する権利をもっている。

(a)臣等伏シテ方今❶政権ノ帰スル所ヲ察スルニ、上帝室ニ在ラズ、下人民ニ在ラズ、而シテ独リ(b)有司❷ニ帰ス。……而シテ政令百端❸朝出暮改、政情実❹ニ成リ、賞罰愛憎ニ出ヅ、言路壅蔽❺困苦告ルナシ。……臣等愛国ノ情自ラ已ム能ハズ、乃チ(c)之レヲ振救❻スルノ道ヲ講求スルニ、唯(d)天下ノ公議ヲ張ルニ在ルノミ、天下ノ公議ヲ張ルハ民撰議院ヲ立ルニ在ルノミ。即チ有司ノ権限ル所アッテ、而シテ上下其安全幸福ヲ受ル者アラン。請フ遂ニ之ヲ陳ゼン。夫レ人民政府ニ対シテ租税ヲ払フノ義務アル者ハ、乃チ其政府ノ事ヲ与知可否スルノ権利ヲ有ス。

(『日新真事誌』)

❶現在。❷上級の役人。❸さまざまなこと。❹個人的な感情で公平に判断できない。❺言論発表の道がふさがれている。❻救う。

❖ 史料の背景とキーワード ❖

戊辰戦争で新政府軍に参加した士族の中には、自分たちの主張が新政府に聞き入れられないことに不満をもつ者もいた。1873(明治6)年に西郷隆盛や板垣退助、江藤新平らによって主張された**征韓論**は、不平士族の支持を受けて盛んになった。しかし、欧米視察から帰国した大久保利通や木戸孝允らによって否決されると、征韓派参議はいっせいに下野し(**明治六年の政変**)、以後は士族の不満を背景に**自由民権運動**や反政府暴動を起こした。板垣や江藤らは愛国公党を設立するとともに、**民撰議院設立の建白書**を左院に提出し、国会の設立を求めた。建白書は新聞に掲載され、自由民権運動の口火となった。

演習

問1 この建白が書かれたときに，①〜④の人物は史料の下線部(a)・(b)のどちらにあてはまるか答えなさい。

① 大久保利通　　② 板垣退助　　③ 江藤新平　　④ 木戸孝允

(a)　　　　　　　　(b)

問2 史料の下線部(c)に関して，「この状況から救う道」として具体的にどのようなことをすればよいと主張しているか，口語訳史料中の言葉を用いて答えなさい。

考察

問 史料の下線部(d)に関して，「天下の世論」とは具体的にどのような人々の意見を指しているか，口語訳史料中の言葉を用いて答えなさい。

センター試験にチャレンジ

▼次の文を読み，下の問いに答えよ。

　1873年，留守政府の内部で征韓論が強まったが，ヨーロッパから帰国した大久保利通・木戸孝允らは内治優先を主張した。その結果，西郷隆盛ら征韓派の参議が辞職し，その一部は<u>自由民権運動</u>にかかわっていった。他方で，大久保は新たに内務省を設置して自ら内務卿に就任し，政府を主導した。

問 下線部に関して述べた次の文Ⅰ〜Ⅲについて，古いものから年代順に正しく配列したものを，下の①〜⑥のうちから一つ選べ。

Ⅰ　愛国社のよびかけによって，国会期成同盟が結成された。
Ⅱ　政府は民権を主張する新聞や雑誌を取り締まるため，讒謗律・新聞紙条例を制定した。
Ⅲ　板垣退助・後藤象二郎らが，民撰議院設立の建白書を左院に提出した。

① Ⅰ—Ⅱ—Ⅲ　　② Ⅰ—Ⅲ—Ⅱ　　③ Ⅱ—Ⅰ—Ⅲ
④ Ⅱ—Ⅲ—Ⅰ　　⑤ Ⅲ—Ⅰ—Ⅱ　　⑥ Ⅲ—Ⅱ—Ⅰ

(2011・A本試)

第Ⅳ部 近代・現代
59 保安条例

『詳説日本史』p.282

史料
保安条例

口語訳

第4条 皇居または天皇の宿所からの距離が3里（約12km）以内の土地に居住または寄宿する者について，(a)内乱を企てたり煽動したり，または治安を妨害する恐れがあると認められるときは，警視総監または地方長官は，内務大臣の認可を経たうえで，期日または時間を限ってその土地からの退去を命じ，(b)3年のあいだは皇居または天皇の宿所から3里以内の土地に出入りしたり寄宿したり，または居住したりすることを禁止することができる。

第四条　皇居又ハ行在所❶ヲ距ル三里以内ノ地ニ住居又ハ寄宿スル者ニシテ，(a)内乱ヲ陰謀シ又ハ教唆シ又ハ治安ヲ妨害スルノ虞アリト認ムルトキハ，警視総監又ハ地方長官ハ内務大臣ノ認可ヲ経，期日又ハ時間ヲ限リ退去ヲ命ジ，(b)三年以内同一ノ距離内ニ出入寄宿又ハ住居ヲ禁ズルコトヲ得。　　　　　　　　　　　　　　（『官報』号外，明治20年12月25日）

❶天皇の訪問先での宿所。

❖ 史料の背景とキーワード ❖

1882（明治15）年からあいついだ自由党の激化事件の中で，自由党が解党するなど民権運動は一時衰退したが，国会開設時期が近づくと，民権派のあいだで運動の再結集が図られた。1887年に後藤象二郎が**大同団結**をとなえ，井上馨外相の条約改正交渉の失敗を機に**三大事件建白運動**が起こった。同年末，政府は**保安条例**を公布して多くの在京の民権派を東京から追放した。そのあとも運動は東北地方を中心に継続し，1889年の憲法発布によって政党再建に向かっていった。

演習

問1　皇居または天皇の宿所からの距離が3里以内の土地に居住または寄宿する者に対し，史料の下線部(a)を判断するのは誰か，口語訳史料中の言葉で答えなさい。

問2　保安条例公布のきっかけとなった，三大事件建白運動の「三大事件」とは具体的に何を指すか答えなさい。

考察

問 史料の下線部(b)に関して，3年以内と期間が限定された理由について，3年後に何が予定されているかをふまえて説明しなさい。

センター試験にチャレンジ

▼次の文を読み，下の問いに答えよ。

　憲法制定と国会開設を柱に立憲制の樹立を求めた自由民権運動は，1880年に入って急速な盛り上がりを見せる。この年3月に組織された　ア　は，11月，東京で開催した第2回大会において，翌年の大会までに憲法草案を作成して持ち寄ることを決定した。その結果，翌年までに多くの私擬憲法が起草された。

　自由民権運動の高揚に対して，政府は，1880年4月に　イ　を定めて弾圧を強化する一方，翌1881年10月には，1890年の国会開設を約した勅諭を発布して，危機を乗り切った。

問　空欄　ア　・　イ　に入る語句の組合せとして正しいものを，次の①〜④のうちから一つ選べ。

① ア―国会期成同盟　　イ―集会条例
② ア―国会期成同盟　　イ―保安条例
③ ア―愛国社　　　　　イ―集会条例
④ ア―愛国社　　　　　イ―保安条例

(2008・B本試)

第IV部 近代・現代
60 大日本帝国憲法

『詳説日本史』p.283

史料
大日本帝国憲法

> **口語訳**
> 第1条　日本は万世一系の天皇が治める。
> 第3条　天皇は神聖な存在であり、侵してはならない。
> 第4条　天皇は国家を代表する首長で、統治権をもっており、この憲法の条文の規定に従って国を治める。
> 第8条　天皇は社会全体の安全を守り災いを避けるために、緊急の必要があり、帝国議会閉会中の場合には、法律に代わる勅令を出す。……
> 第11条　天皇は陸海軍を指揮・統率する。
> 第12条　天皇は陸海軍の編制や軍事費を決定する。
> 第29条　日本国民は法律の範囲内で、言論・出版・集会・結社の自由をもつ。
> 第33条　帝国議会は貴族院と衆議院の両院によって成立する。
> 第55条　国務大臣は天皇を補佐し、その責任を負う。……
> 第70条　社会全体の安全を守るため緊急の必要がある場合で、国内外の情勢によって帝国議会を召集できないときには、勅令によって財政上の決定をおこなうことができる。……

第一条　大日本帝国ハ万世一系❶ノ天皇之ヲ統治ス
第三条　天皇ハ神聖ニシテ侵スベカラズ
第四条　天皇ハ国ノ元首❷ニシテ統治権ヲ総攬❸シ此ノ憲法ノ条規ニ依リ之ヲ行フ
第八条　天皇ハ公共ノ安全ヲ保持シ又ハ其ノ災厄ヲ避クル為、緊急ノ必要ニ由リ帝国議会閉会ノ場合ニ於テ法律ニ代ルベキ勅令❹ヲ発ス……
第一一条　天皇ハ陸海軍ヲ統帥❺ス
第一二条　天皇ハ陸海軍ノ編制及常備兵額ヲ定ム
第二九条　日本臣民❻ハ法律ノ範囲内ニ於テ言論著作印行❼集会及結社ノ自由ヲ有ス
第三三条　帝国議会ハ貴族院衆議院ノ両院ヲ以テ成立ス
第五五条　国務各大臣ハ天皇ヲ輔弼❽シ其ノ責ニ任ス……
第七〇条　公共ノ安全ヲ保持スル為緊急ノ需用アル場合ニ於テ、内外ノ情形ニ因リ政府ハ帝国議会ヲ召集スルコト能ハザルトキハ勅令ニ依リ財政上必要ノ処分ヲ為スコトヲ得……

❶天照大神から同じ皇統が永久に続く。❷国家を代表する首長。❸すべてを思い通りに治める。❹天皇の命令。❺軍隊を指揮・統率する。❻天皇による支配下の国民。❼印刷して発行する。❽補佐する。

✤ 史料の背景とキーワード ✤

　1882(明治15)年、**伊藤博文**らはヨーロッパに派遣され、ベルリン大学のグナイストやウィーン大学のシュタインらから、君主権の強い**ドイツ**流の憲法理論を学んだ。憲法草案作成作業は1886年頃から国民に対して極秘に進められ、ドイツ人顧問のロエスレルらの助言を得て、伊藤を中心に井上毅・伊東巳代治・金子堅太郎らが起草にあたった。この草案は天皇臨席のもとに**枢密院**で審議され、1889年

2月11日に明治天皇から黒田清隆首相に授ける形(欽定憲法)で，**大日本帝国憲法**が発布された。こうして日本は，アジア初の本格的な立憲国家となった。

演習

問1 法律に関して，天皇は大日本帝国憲法下でどのようなことができるか，口語訳史料中の言葉を用いて答えなさい。

問2 軍事に関して，天皇は大日本帝国憲法下でどのようなことができるか，口語訳史料中の言葉を用いて答えなさい。

問3 国民は大日本帝国憲法下でどのようなことができるか，口語訳史料中の言葉を用いて答えなさい。

考察

問 史料の下線部は伊藤博文の強い意向により，周囲の反対を押し切って採用された文言だが，この部分があるのとないのとでは，どのような違いがあるか説明しなさい。

============== センター試験にチャレンジ ==============

問 大日本帝国憲法で定められた天皇大権として**誤っているもの**を，次の①〜④のうちから一つ選べ。
① 緊急勅令の制定権　② 法律・予算の審議権
③ 文武官の任免権　　④ 宣戦・講和，条約締結権

(2005・B本試)

61 民法

第Ⅳ部 近代・現代

『詳説日本史』p.285

史料
民法

口語訳
第749条　家族は戸主の考えに背いて、居住地を決めることはできない。
第750条　家族が結婚や養子縁組をするには、戸主の同意を得なければならない。
第970条　前戸主の直系の子孫は、次の規定に従って戸主としての地位を受け継ぐ。
　1　親等の異なる者では、近い方の者を優先する。
　2　親等が同じ者では、男性を優先する。

第七百四十九条　家族ハ戸主❶ノ意ニ反シテ其居所ヲ定ムルコトヲ得ズ
第七百五十条　家族ガ婚姻又ハ養子縁組ヲ為スニハ戸主ノ同意ヲ得ルコトヲ要ス
第九百七十条　被相続人ノ家族タル直系卑属❷ハ左ノ規定ニ従ヒ家督❸相続人ト為ル
　一　親等ノ異ナリタル者ノ間ニ在リテハ其近キ者ヲ先ニス
　二　親等ノ同ジキ者ノ間ニ在リテハ男ヲ先ニス

❶一家の主人。❷直接の子孫。❸戸主の地位。

❈ 史料の背景とキーワード ❈

　民法はフランスの法学者である**ボアソナード**の指導のもとで編纂され、1890(明治23)年に大部分が公布された。しかし、東京帝国大学教授の穂積八束が「民法出デヽ忠孝滅ブ」という論文を発表するなど、一部の法学者のあいだで家族道徳など日本の伝統的な倫理が破壊されるとの批判が起こり、激しい議論が戦わされた(**民法典論争**)。この結果、1892年の第三議会において修正を前提に施行延期となり、1896年と1898年に、先の民法を大幅修正して公布された。こうしてできた新民法は、戸主の家族員に対する絶大な支配権(**戸主権**)や家督相続制度など、**家父長制**的な家の制度を存続させるものとなった。

演習

問1　口語訳史料にみられる、戸主の権限にはどのようなものがあるか、2つ答えなさい。

問2 次の家系図を見て，誰が戸主を受け継ぐことになるか記号で答えなさい。

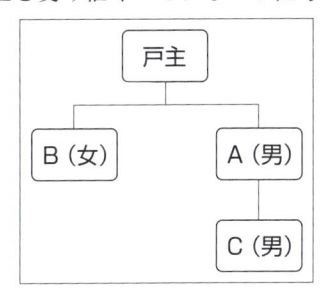

```
        ┌─戸主─┐
        │      │
    ┌───┴──┐  ┌┴───┐
    │B (女)│  │A (男)│
    └──────┘  └──┬──┘
                  │
              ┌───┴──┐
              │C (男)│
              └──────┘
```

考察

問 明治政府が大日本帝国憲法や民法，商法などの法典編纂を急いだのはなぜか，外交的側面から理由を説明しなさい。

―――――――――――――――――― **センター試験にチャレンジ** ――――――――――――――――――

▼次の文を読み，下の問いに答えよ。

　明治新政府では，旧幕臣の登用も行われたが，新政権の中心は，王政復古を掲げて討幕に参加した人々によって担われた。政策の特徴は西洋列強をモデルとした近代化政策にあり，西洋の産業技術，社会制度，学問や思想が次々に導入されていった。

問 下線部に関連して，明治初期の諸制度の整備に関して述べた次の文a～dについて，正しいものの組合せを，下の①～④のうちから一つ選べ。
　a　フランス式の教育制度をモデルとして，学制が公布された。
　b　イギリス式の法律制度をモデルとして，民法が起草された。
　c　警察制度が整備され，東京には警視庁が設置された。
　d　軍事制度が整備され，免役規定のない国民皆兵制度が確立した。
　① a・c　　② a・d　　③ b・c　　④ b・d

(2011・B追試)

第Ⅳ部 近代・現代
62 福沢諭吉の「脱亜論」

『詳説日本史』p.289

史料
福沢諭吉の「脱亜論」

口語訳

わが日本の国土はアジアの東端に位置しているが、その国民の精神はすでにアジアの古い慣習から抜け出して西洋の文明に移っている。ところで、ここに不幸なことは近隣の国々である。一つは中国、もう一つは朝鮮である。……私が思うにこの2つの国は現在の西洋文明のアジアへの進出に対して、とてもその独立を維持できるとは思えない。……日本の独立を維持していくためにはわが国は(a)隣国が近代化するのを待ち、ともにアジアを発展させていく時間はない。むしろ、その仲間から抜け出し、欧米列強と行動をともにして、中国や朝鮮への接し方も隣国だからと特別な思いやりをかけず、(b)まさに欧米列強のアジア政策と同じように対応するべきである。(c)悪友と親しくする者はともに悪い評判を受けてしまう。私は心から東アジアの悪友を拒絶するものである。

我日本の国土は亜細亜の東辺❶に在りと雖ども、其国民の精神は既に亜細亜の固陋❷を脱して西洋の文明に移りたり。然るにここに不幸なるは近隣に国あり、一を支那❸と云ひ、一を朝鮮と云ふ。……我輩を以て此二国を視れば、今の文明東漸❹の風潮に際し、とても其独立を維持するの道ある可らず。……今日の謀❺を為すに、我国は(a)隣国の開明を待て、共に亜細亜を興すの猶予ある可らず、寧ろ其伍❻を脱して西洋の文明国と進退を共にし、其支那朝鮮に接するの法も隣国なるが故にとて特別の会釈❼に及ばず、(b)正に西洋人が之に接するの風に従て処分す可きのみ。(c)悪友を親しむ者は共に悪名を免かる可らず。我れは心に於て亜細亜東方の悪友を謝絶するものなり。　　　　　　　　　　（『時事新報』1885（明治18）年3月16日付）

❶東の果て。❷古くてかたくななこと。❸中国。❹東へ伝わること。❺欧米列強のアジア進出に対して独立を保つこと。❻仲間。❼思いやり。

❖ 史料の背景とキーワード ❖

1882（明治15）年、『時事新報』を創刊した**福沢諭吉**は、日本と清国・朝鮮の近代化によるアジア独立を主張していた。一方、朝鮮では日本にならった近代化政策が守旧派の反乱を呼び、1882年、**壬午軍乱**が起こった。反乱は清国の介入によって失敗したが、朝鮮は清国への依存を強めた。これに対し、福沢とも交流のあった独立党の金玉均らは1884年、日本の援助のもとで**甲申事変**を起こしたが、またも清国軍の来援によってクーデタは失敗した。日清両国は翌年、**天津条約**を結んで朝鮮からの撤兵と出兵の際の相互の事前通告を義務づけて関係悪化を打開しようとした。福沢は近代化しようとしない清国や朝鮮に失望し、「**脱亜論**」と呼ばれる社説を1885年3月16日付で同紙に掲載した。当時の代表的知識人であった福沢の東アジア観の転換は、日本人とその考え方にも大きな影響を与えた。

演習

問1 史料の下線部(a)の隣国とは具体的にどこの国を指しているのか答えなさい。

問2 史料の下線部(c)に関して，福沢がなぜ悪友といっているのか説明しなさい。

考察

問 史料では中国や朝鮮に対して下線部(b)にあるように主張されているが，具体的にはどのような外交姿勢をとるべきと主張しているのか説明しなさい。

━━━━━━━━━━━━━━ **センター試験にチャレンジ** ━━━━━━━━━━━━━━

▼次の文を読み，下の問いに答えよ。

　ア の創設者である イ は1885年に「我が日本の国土は亜細亜の東辺に在りと雖も，その国民の精神は既に固陋(注)を脱して西洋の文明に移りたり」と論じた。朝鮮からの留学生は慶応義塾が1881年に受け入れ始め，また中国から日本に来る留学生は日清戦争以後に急増した。

　　(注)固陋：古い慣習や考えに固執すること。

問1 空欄 ア ・ イ に入る語句の組合せとして正しいものを，次の①〜④のうちから一つ選べ。
① ア―同志社　イ―新島襄　② ア―同志社　イ―福沢諭吉
③ ア―慶応義塾　イ―新島襄　④ ア―慶応義塾　イ―福沢諭吉

問2 下線部に関して述べた次の文X・Yと，それに該当する人物名a〜dとの組合せとして正しいものを，下の①〜④のうちから一つ選べ。
X 慶応義塾に留学生を送ったこの人物は，日本が行ったような近代化をめざして，1884年に朝鮮で政変を起こすが失敗し，日本に亡命した。
Y 1905年に東京で中国人留学生らと中国同盟会を結成したこの人物は，辛亥革命のなかで中華民国臨時大総統に就任した。

a 金玉均　　b 安重根　　c 孫文　　d 蔣介石
① X―a　Y―c　② X―a　Y―d
③ X―b　Y―c　④ X―b　Y―d

(2010・A本試改)

63 第三次桂内閣初閣議での桂の発言

第Ⅳ部 近代・現代

『詳説日本史』p.319

史料
第三次桂内閣初閣議での桂の発言

> **口語訳**
>
> そもそも立憲制の重要な点として、内閣の大臣が(a)輔弼の責任を負っていることは、火を見るように明らかでまったく疑問の余地はないけれども、これまでの慣行では、政治に関する事柄を閣僚でない(b)元勲に私的に相談してきており、このことはまるで後輩が先輩に対しておこなうべき礼儀であるかのように思われている。そのため一面では、元勲に責任がおよぶ弊害が生じ、もう一面では、閣僚としてのみずからの責任に無自覚な者がいる。
>
> そのため太郎(桂太郎)は首相就任にあたってこのことを深く考え、思うところを聡明なる元勲のみなさんに訴えたところ、私の考えに深く同意し、将来は内閣の大臣が進んでこの弊害を廃すべきである、元勲も喜んでこの弊害を避けるようにつとめる、ということを互いに誓いあった。

抑立憲ノ要義ニ於テ内閣大臣(a)輔弼❶ノ責任ハ、瞭々火ヲ見ルカ如ク一毫其疑ヲ存セスト雖、従来ノ慣行或ハ政事ヲ閣外ノ(b)元勲ニ私議シ、殆後進カ先輩ニ対スル一ノ礼譲視スルノ観ヲ呈シ、随テ一面ハ元勲ニ累ヲ嫁スルノ嫌ヲ生シ、一面ハ閣臣タル自家ノ本領ヲ忘ルヽカ如キモノアリ。……

故ニ太郎就任ノ初ニ於テ深之ヲ鑑ミ此微衷ヲ元勲諸氏ノ総明ニ訴ヘシニ、深ク之ヲ諒トシ将来ハ閣臣進テ此弊ヲ廃スヘシ、元勲モ亦喜テ之ヲ避クヘキヲ以テ互ニ誓言セリ。(桂太郎関係文書)

❶君主の政治に対して補佐や進言すること。

❄ 史料の背景とキーワード ❄

桂園時代は、藩閥官僚政治から政党政治へ移る過渡期といえるが、この時期は、日露戦争の内外債に加え、戦後の不況によって国家財政はゆきづまり、政党の積極的な財政政策、陸海軍の軍備拡張、商工業者や庶民の減税という3つの財政的要求を同時に満たすことを不可能にした。第2次**西園寺公望内閣**が元老山県有朋や陸軍と対立し退陣に追い込まれ、元老会議は、内大臣と侍従長を兼ねていた桂太郎を後継首相とした。こうして成立した第3次桂内閣に対し、政党勢力・ジャーナリスト・商工業者・都市民衆など広範な人々を含む**第一次護憲運動**が起こった。立憲政友会と立憲国民党は内閣不信任案を提出し、これを支持する民衆に議会が包囲され、内閣は在職50日余りで退陣した(**大正政変**)。

演習

問1 史料の下線部(a)「輔弼の責任」は誰に対して負うものか説明しなさい。

問2　史料の下線部ⓑ「元勲」とはどのような人々か説明しなさい。

問3　史料の発言は元老政治からの脱却を説いているが，桂太郎が元老政治の弊害としてあげているのはどのようなことか。口語訳史料から抜き出しなさい。

考察

▼次の史料(1913年2月の尾崎行雄の議会演説の口語訳)を読んで，あとの問いに答えなさい。

　彼らは常に口を開けばすぐに忠愛をとなえて，まるで忠君愛国が自分たちだけのものであるかのようにとなえておりますが，彼らの行動をみれば，ⓐ常に天皇の玉座の陰に隠れて，政敵を狙撃するかのような動きをとっているのである。（拍手おこる）彼らは玉座を壁にして，詔勅を弾丸に代えて政敵を倒そうとするものではないか。……また，ⓑ内閣総理大臣の地位に立ったのちに政党の組織に着手するというようなことも，彼らの仲間がどれほどわが国の憲法を軽視し，その精神の根拠を理解していないか，その一部分がわかる。……

問1　下線部ⓐは，第3次桂太郎内閣のどのような行動を批判したものだろうか。

問2　下線部ⓑの動きは，何という政党の結党につながったか。

＊＊＊＊＊＊＊＊＊＊＊＊＊＊＊＊＊＊＊ センター試験にチャレンジ ＊＊＊＊＊＊＊＊＊＊＊＊＊＊＊＊＊＊＊

▼次の文を読み，下の問いに答えよ。
　1900年に，金子は立憲政友会の創立に加わった。その後，枢密顧問官となり，統帥権干犯問題や天皇機関説問題の際に発言を重ね，1942年に亡くなった。

問　下線部に関連して，立憲政友会の創立から大正後期までの内閣と政党との関係について述べた文として正しいものを，次の①〜④のうちから一つ選べ。
　① 大隈重信は，立憲政友会を基盤にして最初の政党内閣を組織した。
　② 立憲同志会を中心にした倒閣運動により，第3次桂太郎内閣は倒れた。
　③ 憲政会を与党に，第1次山本権兵衛内閣が組織された。
　④ 三つの政党の連立により，第1次加藤高明内閣が成立した。

(2011・B本試)

64 二十一カ条の要求

第Ⅳ部　近代・現代

『詳説日本史』p.321

史料
二十一カ条の要求

口語訳

第1号……第1条　中国政府は，日本政府とドイツ政府とのあいだで結ばれた，ドイツの山東省におけるすべての権利や利益などに関する協定で決定した内容のすべてを承認することを約束する。

第2号　日本政府および中国政府は，中国政府が南満州および東部内蒙古における日本の優越的な地位を承認することを左の条款で締約した。

　第1条　日中両国は旅順と大連および南満州鉄道と安奉鉄道の使用期限をそれぞれさらに99年延長することを約束する。

第5号　一，中国の中央政府に政治・財政・軍事の顧問として有力な日本人をまねいて雇い入れること。

第一号……第一条　支那国政府ハ独逸国ガ山東省ニ関シ条約其他ニ依リ支那国ニ対シテ有スル一切ノ権利利益譲与等ノ処分ニ付日本国政府ガ独逸国政府ト協定スヘキ一切ノ事項ヲ承認スヘキコトヲ約ス……

第二号　日本国政府及支那国政府ハ支那国政府ガ南満州及東部内蒙古ニ於ケル日本国ノ優越ナル地位ヲ承認スルニヨリ茲ニ左ノ条款ヲ締約セリ

　第一条　両締約国ハ旅順大連租借期限❶並南満州及安奉両鉄道各期限ヲ何レモ更ニ九十九ヶ年ツツ延長スヘキコトヲ約ス……

第五号　一，中央政府ニ政治財政及軍事顧問トシテ有力ナル日本人ヲ傭聘❷セシムルコト

（『日本外交年表竝主要文書』）

❶ロシアが清国から得た租借権は1898年からの25年であり，これは1905年のポーツマス条約によって日本へ受け継がれた。❷まねき雇い入れること

✲ 史料の背景とキーワード ✲

第一次世界大戦中の1915（大正4）年，すでに中国におけるドイツの権益を接収していた日本は，さらなる権益の拡大を図るために，**第2次大隈重信内閣**の外相加藤高明を中心に中国の**袁世凱**政権に対して，5号からなる**二十一カ条の要求**をおこなった。史料に掲載されていない内容としては，第3号では漢冶萍公司の共同経営，第4号では福建省沿岸の他国への不割譲などが日本より要求された。日本は要求の内容を日中両国の秘密としたが，中国は抗議のため欧米列強へ漏らした。しかし，日本も最後通牒を発したため，結局，第5号を除いた大部分を袁世凱政権は受諾した。

演習

問1 史料の下線部に関連して，日本がドイツ権益を接収した背景を説明しなさい。

問2 旅順・大連や南満州鉄道といった権益を，日本が保有している根拠となっている条約は何か答えなさい。

考察

問 二十一カ条の要求が受諾されるにあたって，第5号のほとんどが撤回されたのはなぜか，説明しなさい。

＊＊＊＊＊＊＊＊＊＊＊＊＊＊＊＊＊＊＊ センター試験にチャレンジ ＊＊＊＊＊＊＊＊＊＊＊＊＊＊＊＊＊＊＊

問 次の史料の空欄 ア ・ イ に入る語句の組合せとして正しいものを，下の①～④のうちから一つ選べ。

第一号　第一条　支那国政府は，独逸国が ア に関し条約その他に依り支那国に対して有する一切の権利利益譲与等の処分に付き，日本国政府が独逸国政府と協定すべき一切の事項を承認すべきことを約す。

第二号　第一条　両締約国は，旅順大連租借期限ならびに イ および安奉両鉄道各期限を，何れも更に九十九か年ずつ延長すべきことを約す。

① ア—山東省　イ—南満州
② ア—山東省　イ—東部内蒙古
③ ア—福建省　イ—南満州
④ ア—福建省　イ—東部内蒙古

(2012・B追試)

65 民本主義

第Ⅳ部 近代・現代

『詳説日本史』p.324

史料
民本主義

口語訳

　民本主義という言葉は，日本語としては非常に新しい使い方である。今までは民主主義という言葉を使っていたようだ。場合によっては，民衆主義とか(a)平民主義と呼ばれたこともある。しかし，民主主義といえば，(b)社会民主党の場合のように，「国家の主権は人民にある」という危険な学説と混同されやすい。……この言葉（デモクラシー）は今日の政治や法律などの学問において，少なくとも2つの異なる意味に使用されているように思う。一つは(c)「国家の主権は法理上，人民にある」という意味で，もう一つは(d)「国家の主権の活動の基本的目標は政治上，人民にある」という意味に使われる。この2つ目の意味に使用される場合に，私たちは民本主義と訳すのである。……

　民本主義といふ文字は，日本語としては極めて新しい用例である。従来は民主々義といふ語を以て普通に唱へられて居ったやうだ。時としては又民衆主義とか(a)平民主義とか呼ばれたこともある。然し民主々義といへば，(b)社会民主党などといふ場合に於けるが如く，「国家の主権は人民にあり」といふ危険なる学説と混同され易い。……此言葉は今日の政治法律等の学問の上に於ては，少くとも二つの異った意味に用ひられて居るやうに思ふ。一つは(c)「国家の主権は法理上人民に在り」といふ意味に，又もう一つは(d)「国家の主権の活動の基本的目標は政治上人民に在るべし」といふ意味に用ひらるる。この第二の意味に用ひらるる時に，我々は之を民本主義と訳するのである。……

（『中央公論』1916〈大正5〉年1月号）

❀ 史料の背景とキーワード ❀

　大正政変をきっかけとする民衆運動の高まりは政治思想にも大きな影響を与え，1916（大正5）年，**吉野作造**が**民本主義**を提唱した。民本主義はデモクラシーの訳語であるが，国民主権を意味する民主主義とは異なり，天皇主権の大日本帝国憲法の枠内での民衆の政治参加を意味していた。吉野は，普通選挙制に基づく政党内閣が，下層階級の経済的不平等を是正すべきであると論じた。民本主義は**美濃部達吉**による**天皇機関説**とともに，**大正デモクラシー**の基本理念となった。

演習

問1 デモクラシーの訳語に「民本主義」が使われる以前は，どのような言葉が使われていたか，口語訳史料中の言葉を用いて3つ答えなさい。

問2 史料の下線部(a)に関して，平民主義（平民的欧化主義）をとなえた人物の名前と，その人物が発刊した雑誌の名前を答えなさい。

人物：　　　　　　　　雑誌：

問3　史料の下線部(b)に関して，社会民主党は1901（明治34）年の結党直後に解散を命じられたが，このときに適用された法律の名前を答えなさい。

問4　史料の下線部(c)・(d)に関して，それぞれの意味にあてはまる主義の名前を，口語訳史料中の言葉を用いて答えなさい。
(c)　　　　　　　　　(d)

考察

問　吉野作造がデモクラシーの訳語として民本主義を使ったのはなぜか，当時の主権のあり方にふれて説明しなさい。

*************************** **センター試験にチャレンジ** ***************************

▼次の史料は，『中央公論』に掲載された吉野の代表的論文の一節である。

　憲政の根柢となすところのものは，政治上一般民衆を重んじ，その間に貴賤上下の別を立てず，しかも国体の君主制たると共和制たるとを問わず，普ねく通用するところの主義たるが故に，民本主義という比較的新しい用語が一番適当であるかと思う。（中略）

　（デモクラシーという）この言葉は今日の政治法律等の学問上においては，少なくとも二つの異なった意味に用いられて居るように思う。一つは「国家の主権は法理上人民に在り」という意味に，また，もう一つは「国家の主権の活動の基本的目標は政治上人民に在るべし」という意味に用いらるる。この第二の意味に用いらるる時に，我々はこれを民本主義と訳するのである。（「憲政の本義を説いてその有終の美を済すの途を論ず」）

問　史料の内容に関して述べた次の文 a～d について，その内容の説明として正しいものの組合せを，下の①～④のうちから一つ選べ。
　a　民本主義とは，君主制・共和制という体制の相違は問題としない考え方である。
　b　民本主義とは，君主制には敵対する考え方である。
　c　民本主義とは，国家の主権の活動の基本的目標を人民におくという考え方である。
　d　民本主義とは，国家の主権は人民にあるという考え方である。
　①　a・c　　　②　a・d　　　③　b・c　　　④　b・d

(2009・A本試)

第Ⅳ部 近代・現代
66 治安維持法

『詳説日本史』p.333

史料
治安維持法

> **口語訳**
>
> **治安維持法**(1925)
> 第一条 (a)国体をくつがえすこと，または私有財産制を否認することを目的として結社を組織すること，または事情を理解したうえでその結社に加入した者は10年以下の懲役または禁錮刑とする。……
>
> **改正治安維持法**(1928)
> 第一条 (a)国体をくつがえすことを目的として結社を組織した者，または結社の役員そのほか指導者としての任務に従事した者は死刑，または無期もしくは5年以上の懲役，もしくは禁錮刑とし……私有財産制度を否認することを目的として結社を組織した者や加入した者，または結社の目的を果たすために協力した者は10年以下の懲役または禁錮刑とする。……

治安維持法(1925)
第一条 (a)国体ヲ変革シ又ハ私有財産制度❶ヲ否認スルコトヲ目的トシテ結社❷ヲ組織シ又ハ情ヲ知リ❸テ之ニ加入シタル者ハ十年以下ノ懲役❹又ハ禁錮❺ニ処ス。……

改正治安維持法(1928)
第一条 (a)国体ヲ変革スルコトヲ目的トシテ結社ヲ組織シタル者，又ハ結社ノ役員其ノ他指導者タル任務ニ従事シタル者ハ死刑又ハ無期若ハ五年以上ノ懲役若ハ禁錮ニ処シ……私有財産制度ヲ否認スルコトヲ目的トシテ結社ヲ組織シタル者，結社ニ加入シタル者又ハ結社ノ目的遂行ノ為ニスル行為ヲ為シタル者ハ，十年以下ノ懲役又ハ禁錮に処ス。… 　　　（『官報』）

❶資本主義制度。❷共産党のこと。❸事情を理解して。❹刑務所にて労役を科す刑。❺刑務所に拘置する刑。

❁ 史料の背景とキーワード ❁

　1925（大正14）年，**普通選挙法**の成立直前に**治安維持法**は成立した。同年，協調外交の中で**日ソ基本条約**が調印され，共産主義の波及が懸念されていた。加えて普通選挙法が成立すれば，労働者階級の政治的な影響力が増大することが予想され，これに備えて制定されたのが治安維持法である。「国体」の変革や私有財産制度を否認することを目的とする結社とその参加者が取締りの対象であった。1928（昭和3）年に初の普通選挙が実施され，**労働農民党**（非合法の日本共産党の影響力が強い）を含む8名の**無産政党**の議員が誕生したことに衝撃を受けた**田中義一**内閣は，同年3月に共産党の全国的な検挙をおこない，労農党などを結社禁止とした（**三・一五事件**）。6月には治安維持法を改正し，最高刑を死刑とした。また対象を支持者にも拡大し，翌年4月にも共産党幹部全員を逮捕した（**四・一六事件**）。

演習
問1　史料の下線部(a)とは何なのか具体的に説明しなさい。

問2　治安維持法が取締りの対象としたのは、どのような考えをもっていた人たちであったか。口語訳史料中の言葉を用いて答えなさい。

問3　1928年に治安維持法はどのように改正されたのか、答えなさい。

考察

問　治安維持法が制定された背景に、普通選挙法の公布があった。普通選挙法が成立すると、どのようなことが想定されたのか説明しなさい。

*********************** **センター試験にチャレンジ** ***********************

▼次の文を読み、下の問いに答えよ。

　普通選挙制とは、財産・納税額・身分・性別などによる制限なしに選挙権・被選挙権を認める制度をいう。普選運動が国民の支持を得て広がっていき、政府が対応を迫られていく中で、　ア　内閣は普通選挙法を成立させた。また、政府は同じ議会で　イ　を成立させ、普通選挙によって予想される無産階級の政治的進出をおさえようとした。　イ　は戦前・戦中を通して、社会主義や無政府主義の運動などを取り締まるために用いられた。

問1　空欄　ア　・　イ　に入る語句の組合せとして正しいものを、次の①～④のうちから一つ選べ。
　① ア―加藤高明　イ―治安維持法　　② ア―加藤高明　イ―破壊活動防止法
　③ ア―原　敬　　イ―治安維持法　　④ ア―原　敬　　イ―破壊活動防止法

問2　下線部に関して述べた次の文Ⅰ～Ⅲについて、古いものから年代順に正しく配列したものを、下の①～⑥のうちから一つ選べ。
　Ⅰ　日本初の社会主義政党が結成され、普通選挙の実現をかかげた。
　Ⅱ　第二次護憲運動が展開された。
　Ⅲ　選挙権の納税資格が直接国税3円以上に引き下げられた。
　①　Ⅰ―Ⅱ―Ⅲ　　②　Ⅰ―Ⅲ―Ⅱ　　③　Ⅱ―Ⅰ―Ⅲ
　④　Ⅱ―Ⅲ―Ⅰ　　⑤　Ⅲ―Ⅰ―Ⅱ　　⑥　Ⅲ―Ⅱ―Ⅰ

(2009・B本試改)

問1	問2

67 国家総動員法

『詳説日本史』p.355

史料
国家総動員法

> **口語訳**
>
> 第1条　この法律で国家総動員というのは、戦時（戦争に準ずる事変の場合を含む。以下同じ）において国防の目的達成のため、国力をもっとも有効に発揮するために、労働力および物資を統制・運用することを指す。
>
> 第4条　政府は戦時において、国家総動員上必要のあるときは、勅令によって国民を徴用して総動員上の業務に従事させることができる。
>
> 第8条　政府は戦時において、国家総動員上必要のあるときは、勅令によって、総動員物資の生産、修理、配給、譲渡、その他の処分、使用、消費、所持および移動について必要な命令を出すことができる。
>
> 第20条　政府は戦時において、国家総動員上必要のあるときは、勅令によって、新聞その他の出版物の掲載について制限または禁止をすることができる。

第一条　本法ニ於テ国家総動員トハ戦時（戦争ニ準ズベキ事変ノ場合ヲ含ム以下之ニ同ジ）ニ際シ国防目的達成ノ為、国ノ全力ヲ最モ有効ニ発揮セシムル様、人的及物的資源ヲ統制運用スルヲ謂フ

第四条　政府ハ戦時ニ際シ国家総動員上必要アルトキハ、勅令ノ定ムル所ニ依リ、帝国臣民ヲ徴用シテ総動員業務ニ従事セシムルコトヲ得

第八条　政府ハ戦時ニ際シ、国家総動員上必要アルトキハ、勅令ノ定ムル所ニ依リ、総動員物資ノ生産、修理、配給、譲渡其ノ他ノ処分、使用、消費、所持及移動ニ関シ必要ナル命令ヲ為スコトヲ得

第二十条　政府ハ戦時ニ際シ国家総動員上必要アルトキハ、勅令ノ定ムル所ニ依リ、新聞紙其ノ他ノ出版物ノ掲載ニ付、制限又ハ禁止ヲ為スコトヲ得

（『官報』）

❋ 史料の背景とキーワード ❋

　1937（昭和12）年、**日中戦争**が始まると、**第1次近衛文麿内閣**は国民に戦争協力をうながすため、**国民精神総動員運動**を展開し、急速に膨張した軍事支出と軍需物資の輸入の急増によってすでに破局的となっていた国際的な収支の危機を乗り切るため、直接的な経済統制に踏み切った。第一次近衛声明（1938年1月）で日中戦争の長期化が必至になると、政府の裁量で経済・国民生活・労働・言論など広範な統制を実施できることを規定した**国家総動員法**が制定された。第4条で労働への動員、第7条では労働争議の制限・禁止、第8条で生産・流通・運輸についての統制、第20条で言論の統制を可能にした。勅令による決定のため、議会の審議を経ずに政府がさまざまな統制をおこなえるようになり、戦時体制の形成・強化に大きな役割を果たした。1939年、国家総動員法に基づき、**国民徴用令**が出され、国民を強制的に徴発し、主要産業に就労させ、軍需部門への労働力の確保が図られた。

演習

問1 政府がこの法律で定められた権限を行使できるのは，どのような場合か，答えなさい。

問2 この法律が制定された背景を，当時の対外情勢をふまえて説明しなさい。

考察

問 統制運用に関する細目は，「勅令」で定められるとされているが，それはなぜか説明しなさい。

＊＊＊＊＊＊＊＊＊＊＊＊＊＊＊＊＊ センター試験にチャレンジ ＊＊＊＊＊＊＊＊＊＊＊＊＊＊＊＊＊

▼次の文を読み，下の問いに答えよ。

　満州事変を境に，日本の進路は大きく転換することになった。国内では軍部が政治へ影響力を増す一方，対外的には国際連盟を脱退し，孤立への道を歩むことになる。

　1937年7月に日中戦争がはじまると，近衛文麿内閣が ア を行い，産業報国の結成など，戦争協力のための組織化を推進した。日中戦争が長期化すると，日本と英米との対立が激化し，アメリカは1939年7月に日本に対し イ の廃棄を通告し，翌年この条約は失効した。

問1 空欄 ア ・ イ に入る語句の組合せとして正しいものを，次の①～④のうちから一つ選べ。
① ア―国民精神総動員運動　　イ―日米修好通商条約
② ア―国民精神総動員運動　　イ―日米通商航海条約
③ ア―翼賛選挙　　　　　　　イ―日米修好通商条約
④ ア―翼賛選挙　　　　　　　イ―日米通商航海条約

問2 下線部に関連して，政府が出した国家総動員法について説明した文として正しいものを，次の①～④のうちから一つ選べ。
① 国民の戦争協力を強化するため，社会主義者など政府を批判する人々を弾圧することを目的として制定された。
② 国民徴用令は，国家総動員法に基づいて公布され，一般国民が軍需工場に動員された。
③ 国家総動員法に基づいて統制を行うためには，議会の審議を経る必要があった。
④ 労働力や物資の統制を目指した法律なので，言論統制などは含まれなかった。

(2005・A本試改)

問1	問2

68 ポツダム宣言

第Ⅳ部　近代・現代

『詳説日本史』p.367

史料
ポツダム宣言

【口語訳】

6　(a)我々は無責任な軍国主義が世界より追い払われるまでは、平和・安全および正義のある新秩序ができあがらないと主張する。日本の国民をだまし、国民を世界征服に動員しようとする誤りを犯した者の権力や勢力は、永久に取り除かれなければならない。

10　我々は日本人を民族ごと奴隷化し、また日本国民を滅亡させようとする意図をもっているわけではない。しかし、我々の捕虜を虐待した者を含むすべての戦争犯罪人に対して、厳重な処罰を加えることとする。また、日本政府は日本国民のあいだに民主主義的傾向が復活・強化するためにすべての障害となるものを取り除くこととする。そして言論・宗教・思想の自由、並びに基本的人権の尊重は確立されることとする。

12　前記の諸目的が達成され、かつ日本国民が自由に表明する意志に従って、平和的傾向をもった責任ある政府が樹立されたならば、連合国の占領軍はただちに日本より撤収することとする。

13　我々は日本政府に対して、ただちに日本軍の無条件降伏を宣言し、これまで述べてきたことがらについて誠意をもって、適切で十分な保障を提供することを要求する。これ以外の日本国の選択は、(b)迅速かつ完全な壊滅のみである。

六　(a)吾等ハ無責任ナル軍国主義カ世界ヨリ駆逐セラルルニ至ル迄ハ平和、安全及正義ノ新秩序カ生シ得サルコトヲ主張スルモノナルヲ以テ日本国国民ヲ欺瞞シ之ヲシテ世界征服ノ挙ニ出ツルノ過誤ヲ犯サシメタル者ノ権力及勢力ハ永久ニ除去セラレサルヘカラス

十　吾等ハ日本人ヲ民族トシテ奴隷化セントシ、又ハ国民トシテ滅亡セシメントスルノ意図ヲ有スルモノニ非サルモ、吾等ノ俘虜ヲ虐待セル者ヲ含ム一切ノ戦争犯罪人ニ対シテハ、厳重ナル処罰ヲ加ヘラルヘシ。日本国政府ハ日本国国民ノ間ニ於ケル民主主義的傾向ノ復活強化ニ対スル一切ノ障礙ヲ除去スヘシ。言論、宗教及思想ノ自由並ニ基本的人権ノ尊重ハ確立セラルヘシ

十二　前記諸目的カ達成セラレ、且日本国国民ノ自由ニ表明セル意志ニ従ヒ、平和的傾向ヲ有シ且責任アル政府カ樹立セラルルニ於テハ連合国ノ占領軍ハ直ニ日本国ヨリ撤収セラルヘシ

十三　吾等ハ日本国政府カ直ニ全日本国軍隊ノ無条件降伏ヲ宣言シ且右行動ニ於ケル同政府ノ誠意ニ付適当且充分ナル保障ヲ提供センコトヲ同政府ニ対シ要求ス

右以外ノ日本国ノ選択ハ(b)迅速且完全ナル壊滅アルノミトス　（『日本外交年表竝主要文書』）

❉ 史料の背景とキーワード ❉

1945(昭和20)年7月26日、米・英・中の名で、日本への無条件降伏を勧告した**ポツダム宣言**が発表された。アメリカのトルーマン大統領、イギリスのチャーチル首相、ソ連のスターリン書記長がベルリン郊外のポツダム宮殿でドイツの戦後処理問題を協議した。この際、アメリカは中国の同意を取りつけて、日本軍への無条件降伏勧告と日本の戦後処理方針からなるポツダム宣言を発表した。ポツダム宣言は、13カ条からなり、その要点は、軍国主義勢力の排除、民主主義の実現、基本的人権の擁護、領土制限、戦犯処罰などであった。講和を模索していた日本の**鈴木貫太郎**内閣は、この宣言を「黙殺

する」と発表し，これを拒否と判断したアメリカは広島・長崎に**原子爆弾**を投下し，さらに**ソ連の参戦**により，日本は宣言受諾を余儀なくされた。

演習

問1 史料の下線部(a)とは3つの国を指しているが，その国名をすべて答えなさい。

問2 史料の下線部(b)について，この宣言を黙殺した日本に対してどのような攻撃が加えられたか答えなさい。

考察

問 連合国は降伏後の日本の国家や社会をどのようなものに変えていこうと考えていたか，口語訳史料から読み取り答えなさい。

センター試験にチャレンジ

▼次の文を読み，下の問いに答えよ。

　1937年7月にはじまった日中戦争は，軍部の短期決戦の予想にもかかわらず長期化し，解決の見通しも立たないまま1941年末には太平洋戦争へと拡大した。

問 下線部に関連して述べた次の文a～cについて，古いものから年代順に正しく配列したものを，下の①～④のうちから一つ選べ。
　a　政府は，戦時にすべての人的・物的資源を勅令で統制できる国家総動員法を制定した。
　b　アメリカは，広島と長崎に原子爆弾を投下した。
　c　文科系学生の徴兵猶予が停止され，学徒出陣がはじまった。
　①　a―b―c　　②　a―c―b
　③　c―a―b　　④　c―b―a

(2003・B追試)

69 日本国憲法

第Ⅳ部 近代・現代

『詳説日本史』p.376

史料
日本国憲法

〔前文〕日本国民は，正当に選挙された国会における代表者を通じて行動し，われらとわれらの子孫のために，諸国民との協和による成果と，わが国全土にわたつて自由のもたらす恵沢を確保し，政府の行為によつて再び戦争の惨禍が起ることのないやうにすることを決意し，ここに主権が国民に存することを宣言し，この憲法を確定する。……

第1条　天皇は，日本国の象徴であり日本国民統合の象徴であつて，この地位は，主権の存する日本国民の総意に基く。

第9条　日本国民は，正義と秩序を基調とする国際平和を誠実に希求し，国権の発動たる戦争と，武力による威嚇又は武力の行使は，国際紛争を解決する手段としては，永久にこれを放棄する。

②　前項の目的を達するため，陸海空軍その他の戦力は，これを保持しない。国の交戦権は，これを認めない。

第11条　国民は，すべての基本的人権の享有を妨げられない。この憲法が国民に保障する基本的人権は，侵すことのできない永久の権利として，現在及び将来の国民に与へられる。

第25条　すべて国民は，健康で文化的な最低限度の生活を営む権利を有する。

②　国は，すべての生活部面について，社会福祉，社会保障及び公衆衛生の向上及び増進に努めなければならない。

第28条　勤労者の団結する権利及び団体交渉その他の団体行動をする権利は，これを保障する。

❖ 史料の背景とキーワード ❖

　ポツダム宣言に基づいて連合国に占領されることになった日本は，**GHQ（連合国軍最高司令官総司令部）**により間接統治された。1945（昭和20）年10月，**幣原喜重郎**内閣はGHQに憲法改正を指示され，**憲法問題調査委員会**を設置し，改正案に着手した。憲法の政府案作成の中，1946年元日，昭和天皇はいわゆる人間宣言をおこない，みずからその神格化を否定した。その後，日本政府が作成した天皇大権を維持しようとする憲法改正案はGHQによって否定され，GHQの作成した草案に基づく新案が議会の審議・修正を経て**日本国憲法**が成立した。この憲法は1946年11月3日に公布され，1947年5月3日，**第1次吉田茂内閣**のもとで施行された。新憲法の制定に伴い，多くの法律もその精神に従って民主的に改められ，あるいは新たに制定された。

演習

問1　日本国憲法では，天皇はどのように規定されたか答えなさい。

問2　日本国憲法第28条の内容とする1945年に制定された労働者の権利を示した法律は何か答えなさい。

考察
問　大日本帝国憲法と日本国憲法の国民の権利に関する規定の違いを説明しなさい。

───────────────────────────────

************************ センター試験にチャレンジ ************************

▼次の文を読み，下の問いに答えよ。

　敗戦後の日本では，戦時下に政府が強調した価値観の多くが否定され，ⓐ民主主義的思想や運動が定着する条件が整えられていった。このことは，天皇の政治的地位や役割も変化させた。
　1946年の元旦に，ⓑ「人間宣言」とよばれる昭和天皇の詔書が出された。そこで昭和天皇は，かつて明治天皇が出した政治方針である五箇条の誓文にふれ，「須（すべか）らく此の御趣旨に則（の）り」，民意をおさえつけずに「官民挙げて平和主義に徹」すべきであると主張した。

問1　下線部ⓐについて述べた文として正しいものを，次の①～④のうちから一つ選べ。
① 民法が改正され，戸主の権限が強化された。
② 刑法が改正され，不敬罪の規定が設けられた。
③ 労働組合法が公布され，労働者の争議権が保障された。
④ 日本国憲法が公布され，天皇が主権者と規定された。

問2　下線部ⓑの内容を説明した次の文X～Zについて，その正誤の組合せとして正しいものを，下の①～④のうちから一つ選べ。
X　これからの天皇と国民との関係は，天皇を神と見なすような架空の観念にもとづくものではない。
Y　これからは明治天皇が発した五箇条の誓文を否定し，平和な日本を建設しなくてはならない。
Z　日本国民は他の民族に優越する民族であり，この観念にもとづいて思想混乱を克服しなくてはならない。

①　X―正　Y―誤　Z―正　　②　X―正　Y―誤　Z―誤
③　X―誤　Y―正　Z―正　　④　X―誤　Y―正　Z―誤

(2008・B本試)

問1	問2

第IV部 近代・現代
70 サンフランシスコ平和条約

『詳説日本史』p.383

史料
サンフランシスコ平和条約

> 第3条　日本国は，北緯二十九度以南の南西諸島（琉球諸島❶……を含む。），孀婦岩の南の南方諸島（小笠原群島❷……を含む。）並びに沖の鳥島及び南鳥島を合衆国を唯一の施政権者とする信託統治制度の下におくこととする国際連合に対する合衆国のいかなる提案にも同意する。このような提案が行われ且つ可決されるまで，合衆国は，領水を含むこれらの諸島の領域及び住民に対して，行政，立法及び司法上の権力の全部及び一部を行使する権利を有するものとする。
> 第6条(a)　連合国のすべての占領軍は，この条約の効力発生の後なるべくすみやかに……日本国から撤退しなければならない。但し，この規定は……協定に基く……外国軍隊の日本国の領域における駐とん又は駐留を妨げるものではない❸。　　　　　　　　（『条約集』）
>
> ❶現在の沖縄県，1972（昭和47）年5月に復帰。❷現在の東京都小笠原村，1968（昭和43）年6月に復帰。
> ❸この条約と同じ日に日米安全保障条約が調印され，日本に米軍が駐留することを認めた。

❋ 史料の背景とキーワード ❋

　1951（昭和26）年9月，サンフランシスコ講和会議が開かれ，日本と48カ国とのあいだで**サンフランシスコ平和条約**が調印された。翌年4月，条約が発効して約7年の占領が終結し，日本は独立国としての主権を回復した。1950年に**朝鮮戦争**が勃発し，日本は国連軍の補給基地となった。GHQは**警察予備隊**の創設を指令し，アメリカは日本を資本主義（西側）陣営に組み入れるため，講和条約の締結を急いだ。条約のおもな内容は，①日本の賠償責任をいちじるしく軽減，②領土への制限を加え，朝鮮の独立，台湾・南樺太・千島列島などの放棄，③沖縄・小笠原諸島はアメリカの施政権下へ，④占領軍は日本から撤退するが，外国軍隊の駐屯・駐留は認める，である。講和会議に招聘された国は55カ国だったが，インド・ビルマ・ユーゴスラビアは不参加，ソ連・ポーランド・チェコスロバキアは調印を拒否した。

演習

問1　この条約の第2条の空欄に適する語を答えなさい。
　第2条(a)　日本国は（　ア　）の独立を承認して，済州島……に対するすべての権利，権原及び請求権を放棄する。
　　　　(b)　日本国は，（　イ　）及び澎湖諸島に対するすべての権利，権原及び請求権を放棄する。
　　　　(c)　日本国は，（　ウ　）並びに日本国が千九百五年九月五日のポーツマス条約の結果として主権を獲得した（　エ　）の一部……に対するすべての権利，権原及び請求権を放棄する。

(ア)　　　　　　(イ)　　　　　　(ウ)　　　　　　(エ)

問2　この条約によって南西諸島や小笠原群島などはどこの国の施政権下に入ったか，答えなさい。

考察

問　なぜソ連などの東側諸国はサンフランシスコ平和条約に調印しなかったのか，説明しなさい。

センター試験にチャレンジ

▼近代日本における代表的な外交官の一人であり，政治家としても活動した幣原喜重郎に関する次の文を読み，下の問いに答えよ。

　戦後，幣原は知米家としての経歴を買われ，内閣総理大臣に就任した。幣原内閣は連合国軍最高司令官総司令部(GHQ)のいわゆる五大改革指令の実現に取り組んだほか，新憲法草案の作成や天皇の神格を否定する詔書の草案作成にも携わるなど，戦後改革の中心的な政策を次々と実施した内閣であったといえる。

　また，終戦直後の物価上昇や食糧危機への対策にもつとめたが，1946年4月に実施された戦後初の総選挙において勝利することができず，総辞職した。幣原は，その後も衆議院議長などを歴任し，1951年3月に78歳で没した。講和条約が調印される約半年前のことであった。

問　下線部に関して述べた文として正しいものを，次の①〜④のうちから一つ選べ。

①　この条約調印と同時に小笠原諸島が返還された。
②　この条約調印をきっかけとして，警察予備隊が発足した。
③　この条約の調印と同じ日に，日米安全保障条約が調印された。
④　この条約の調印には，ソ連を除くすべての交戦国が参加した。

(2009・B本試)

71 日米相互協力及び安全保障条約

『詳説日本史』p.389

史料
日米相互協力及び安全保障条約

> 第四条　締約国は，この条約の実施に関して随時協議し，また，日本国の安全又は極東における国際の平和及び安全に対する脅威が生じたときはいつでも，いずれか一方の締約国の要請により協議する。
> 第五条　各締約国は，日本国の施政の下にある領域における，いずれか一方に対する武力攻撃が，自国の平和及び安全を危うくするものであることを認め，自国の憲法上の規定及び手続に従って共通の危険に対処するように行動することを宣言する。
> 第六条　日本国の安全に寄与し，並びに極東における国際の平和及び安全の維持に寄与するため，アメリカ合衆国は，その陸軍，空軍及び海軍が日本国において施設及び区域を使用することを許される。
> 　　　　　　　　　　　　　　　　　　　　　　　　　　　　　　　　　　　　　（『条約集』）

❋ 史料の背景とキーワード ❋

　冷戦の激化により，1951(昭和26)年の**サンフランシスコ平和条約**で独立を回復した日本は，同日結ばれた**日米安全保障条約**によって，独立後も引き続き米軍が「極東の平和と安全」のため日本国内に駐留を続けることを認め，**日米行政協定**に基づき米軍施設を提供した。しかし，革新勢力はこれらの動きを「逆コース」と批判し，内灘(石川県)・砂川(東京都)などでのアメリカ軍基地反対闘争も広がった。1957年に成立した**岸信介**内閣は，「日米新時代」をとなえ，安保条約を改定して日米関係をより対等にすることを目指した。アメリカの日本防衛義務が明記されるなど，アメリカは当初条約改定に消極的であったが，交渉の結果，1960年，**日米相互協力及び安全保障条約**が調印された。しかし，岸内閣の強引な政治手法などに反発した革新勢力による安保改定阻止国民会議や，全学連(全日本学生自治会総連合)の学生などの巨大なデモが連日国会を取り巻き，**60年安保闘争**が続いた。

演習

問1　「日米新時代」をとなえて日米安全保障条約の改定をおこなった首相は誰か答えなさい。

問2　この条約で，アメリカ軍の日本駐留の目的は何であるとされたか答えなさい。

考察

問1　この条約によって，日米両国は日本国内において，どちらか一方が武力攻撃を受けた際にはどのように対応すると定められたか答えなさい。

問2　このような規定は，改定前の日米安全保障条約にはなかった。改定によってこのように規定されたのはなぜだろうか，答えなさい。

＊＊＊＊＊＊＊＊＊＊＊＊＊＊＊＊＊＊＊ **センター試験にチャレンジ** ＊＊＊＊＊＊＊＊＊＊＊＊＊＊＊＊＊＊＊

▼次の文を読み，下の問いに答えよ。

　敗戦後，GHQによって旧来の秩序を覆す大がかりな諸改革が断行され，日本軍も解体された。戦争の惨禍を身をもって体験した国民は，日本国憲法の平和主義の理念をはじめ，これらの改革を積極的に支持した。戦後の社会運動が，平和や安全保障の問題に積極的に取り組んできた背景にも，こうした経緯がある。

　しかし他方では，朝鮮戦争の勃発を契機として，現在の自衛隊につながる事実上の再軍備が始まる。また，サンフランシスコ平和（講和）条約と同日に結ばれた日米安全保障条約を根拠として，米軍は，日本国が独立を回復したのちも，占領軍から駐留軍となって引き続き大規模な兵力を国内に配置してきた。そのため，安全保障の問題は今日まで日米関係の中心的な外交課題となっている。

問　下線部に関して述べた文として正しいものを，次の①〜④のうちから一つ選べ。
① サンフランシスコ平和（講和）条約の批准をめぐる対立から，日本労働組合総連合会が分裂した。
② サンフランシスコ講和会議に際して，東京大学教授の河合栄治郎らが中心となり，全面講和の論陣を張った。
③ 独立回復後，石川県の内灘をはじめとして米軍基地反対闘争が起こった。
④ 日米安全保障条約の改定内容に反対して，社会民衆党が主導する安保闘争が起こった。

(2013・B本試)

第Ⅳ部 近代・現代
72 日韓基本条約

『詳説日本史』p.391

史料
日韓基本条約

> 第一条　両締約国❶間に外交及び領事関係が開設される。両締約国は，大使の資格を有する外交使節を遅滞なく交換するものとする。また，両締約国は，両国政府により合意される場所に領事館を設置する。
> 第二条　<u>一九一〇年八月二十二日</u>以前に大日本帝国と大韓帝国との間で締結されたすべての条約及び協定は，もはや無効であることが確認される。
> 第三条　大韓民国政府は，国際連合総会決議第一九五号（Ⅲ）❷に明らかに示されているとおりの朝鮮にある唯一の合法的な政府であることが確認される。　（『条約集』）
> ❶日本と韓国。❷1948年12月12日，国際連合総会でおこなわれた決議。

❖ 史料の背景とキーワード ❖

　第二次世界大戦後，朝鮮半島は南部をアメリカが，北部をソ連が占領した。1948年8月には南部に**大韓民国**（韓国，大統領**李承晩**（イスンマン））が，同年9月には北部に**朝鮮民主主義人民共和国**（北朝鮮，首相**金日成**（キムイルソン））が建国し，南北分裂状態が固定化した。1950年6月に始まった**朝鮮戦争**は，1953年7月に休戦となったが，この間，1951年のサンフランシスコ平和条約で主権を回復した日本は，朝鮮の独立を承認した。日韓国交正常化交渉（日韓会談）は，1952年以来断続的に続けられ，植民地時代の事後処理，漁業問題などが課題となった。韓国との国交正常化は，朝鮮半島の南北分断をいっそう固定化するものとして，内外から反対も強かったが，日・米・韓3カ国がアジアにおいて自由主義陣営を強化する面もあった。

演習

問1　この条約が締結されたのは西暦何年か。

問2　この条約が締結されたときの日本の首相は誰か。

問3　史料の下線部の日には，両国間で重要な条約が締結された。日本が韓国を植民地化したこの条約名を答えなさい。また，その統治機関名は何か。

　条約：　　　　　　　　　　統治機関：

考察

問1 日韓基本条約第3条の内容について，韓国側は自国の管轄権を朝鮮半島全域におよぶものとしたが，日本側は韓国政府の管轄権がおよぶ範囲は北緯38度線以南に限定するという立場をとった。この問題に関する両国の考え方をそれぞれ説明しなさい。

韓国：

日本：

問2 この条約の主旨を日本の立場から説明しなさい。

＊＊＊＊＊＊＊＊＊＊＊＊＊＊＊＊＊＊＊ センター試験にチャレンジ ＊＊＊＊＊＊＊＊＊＊＊＊＊＊＊＊＊＊＊

▼次の文を読み，下の問いに答えよ。

朝鮮半島では，1948年，ソ連占領地域に朝鮮民主主義人民共和国が，アメリカ占領地域には大韓民国が建国され，南北分断状態が固定化した。1950年6月，北朝鮮が武力統一をめざして北緯　ア　度線をこえて韓国に侵攻し，朝鮮戦争が始まった。1951年7月から休戦会談が始まり，53年7月に　イ　で休戦協定が調印された。1965年，日本政府は日韓基本条約を結び韓国との国交を樹立した。

問1　空欄　ア　・　イ　に入る数字と語句の組合せとして正しいものを，次の①～④のうちから一つ選べ。
① ア―17　イ―京城　　② ア―17　イ―板門店
③ ア―38　イ―京城　　④ ア―38　イ―板門店

問2　下線部に関して述べた文として誤っているものを，次の①～④のうちから一つ選べ。
① この条約を締結したときの日本の首相は，佐藤栄作である。
② この条約を締結したときの韓国の大統領は，朴正熙である。
③ この条約によって，日本は朝鮮の独立を承認した。
④ 日本は韓国政府を「朝鮮にある唯一の合法的な政府」と認めた。

（創作問題）

問1	問2

第Ⅳ部 近代・現代
73 日中共同声明

『詳説日本史』p.404

史料
日中共同声明

　日本側は，過去において日本国が戦争を通じて中国国民に重大な損害を与えたことについての責任を痛感し，深く反省する。また，日本側は，中華人民共和国政府が提起した「復交三原則❶」を十分理解する立場に立って国交正常化の実現をはかるという見解を再確認する。中国側は，これを歓迎するものである。……

五　中華人民共和国政府は，中日両国国民の友好のために，日本国に対する戦争賠償の請求を放棄することを宣言する。

七　日中両国間の国交正常化は，第三国に対するものではない。両国のいずれも，アジア・太平洋地域において覇権❷を求めるべきでなく，このような覇権を確立しようとする他のいかなる国あるいは国の集団による試みにも反対する。　　　　　　（『日本外交主要文書・年表』）

　❶日中復交の条件として中国側が日本側に承認を求めた3原則。第一，中華人民共和国政府が唯一の合法的政府。第二，台湾は中華人民共和国の領土の不可分の一部。第三，日華平和条約の廃棄。❷覇者の権力。この覇者がソ連を指していることは明らかであった。

❀ 史料の背景とキーワード ❀

　第二次世界大戦後，中国では，1949年10月に中華人民共和国（主席**毛沢東**）が建国を宣言し，国民党は台湾に逃れ，中華民国政府（総統**蔣介石**）を存続させた。1951年のサンフランシスコ講和会議には，2つの中国はまねかれなかった。1972年2月，アメリカの**ニクソン**大統領が突如中国を訪問した。アメリカはベトナム戦争終結へ向けて中国の協力を求め，中国はソ連牽制のため歩み寄った。日本では佐藤栄作内閣が退陣し，**田中角栄**内閣のもとで，同年9月，日中国交回復が実現し，日中共同声明が発表された。1978年，福田赳夫内閣のもとで日中平和友好条約が締結された。なお，1952年の**日華平和条約**締結以降に築かれた台湾の国民政府との外交関係は断絶したが，民間レベルでは関係が存続した。

演習

問1　この共同声明が発表されたのは西暦何年か。

問2　この共同声明が発表されたときの日本の首相は誰か。

問3　日中国交回復の実現には，その前提としてある国家による中国との国交回復への電撃的な動きがあった。その国家名と中国を訪問した国家元首を答えなさい。

　国家：　　　　　　　元首：

考察

問 日中共同声明第7条が中国側の意向で明文化された理由を,「覇権」という語句の意味とあわせて説明してみよう。

──────────────────────────────

──────────────────────────────

★★★★★★★★★★★★★★★★★★ センター試験にチャレンジ ★★★★★★★★★★★★★★★★★★

▼近現代の対外関係に関する次の文を読み,下の問いに答えよ。

　第二次世界大戦後,米ソの対立が強まると,アメリカの対日占領政策は非軍事化と民主化を掲げたものから,早期の経済復興をめざす方向へと転換した。アメリカは,1949年,ドッジ=ラインの下で,1ドル＝ ア の単一為替レートを設定するとともに,対日講和を急いだ。そして,1951年にサンフランシスコ平和条約(講和条約)が調印された。

　日本は周辺諸国との関係改善をめざして,1950年代にフィリピンやインドネシアなど東南アジア諸国に対する賠償支払いや経済協力を開始した。しかし, イ との国交正常化は1970年代にずれ込むことになった。

問1　空欄 ア ・ イ に入る語句の組合せとして正しいものを,次の①～④のうちから一つ選べ。
① ア―308円　イ―中華人民共和国　　② ア―308円　イ―大韓民国
③ ア―360円　イ―中華人民共和国　　④ ア―360円　イ―大韓民国

(2006・B本試)

問2　日中共同声明に関して述べた文として正しいものを,次の①～④のうちから一つ選べ。
① この共同声明を発表したときの日本の首相は佐藤栄作である。
② この声明において,中国は日本に対する戦争賠償請求の放棄を宣言した。
③ 「覇権」を確立しようとしているとして非難されているのはアメリカである。
④ この声明にもかかわらず,日本は中華民国(台湾)との正式の国交を継続した。

問3　戦後の日中関係について述べた文Ⅰ～Ⅲについて,古いものから年代順に正しく配列したものを,下の①～④のうちから一つ選べ。
Ⅰ　日中平和友好条約が締結された。
Ⅱ　日中共同声明が発表された。
Ⅲ　LT貿易が開始された。
①　Ⅱ―Ⅰ―Ⅲ　　②　Ⅱ―Ⅲ―Ⅰ
③　Ⅲ―Ⅰ―Ⅱ　　④　Ⅲ―Ⅱ―Ⅰ

(創作問題)

問1	問2	問3

表紙デザイン	株式会社麒麟三隻館
本文デザイン	岩崎　美紀

読み解く日本史─基本史料問題集─

2014年11月25日　第1版1刷発行
2018年 1月31日　第1版4刷発行

編　者	『読み解く日本史』編集委員会
発行者	野澤　伸平
印刷所	明和印刷株式会社
製本所	有限会社　穴口製本所
発行所	株式会社　山川出版社

〒101-0047　東京都千代田区内神田1-13-13
　　　　　　電話　03-3293-8131（営業）　03-3293-8135（編集）
　　　　　　https://www.yamakawa.co.jp/
　　　　　　振替口座　00120-9-43993

Ⓒ 2014 Printed in Japan　ISBN978-4-634-02342-0

●造本には十分注意しておりますが，万一，落丁・乱丁などございましたら，
　小社営業部宛にお送りください。送料小社負担にてお取り替えいたします。
●定価はカバーに表示してあります。

読み解く日本史
― 基本史料問題集 ―

解答・解説

山川出版社

1 『漢書』地理志・『後漢書』東夷伝

この史料の出典は？

『漢書』は前漢(前206〜8)の正史である。後漢の班固によって編纂された。この中に「地理志」があり、倭人の記事がある。『後漢書』は後漢(25〜220)の正史で、范曄(398〜445)の撰。『三国志』よりもあとから編纂されたので、『後漢書』東夷伝の記事は『三国志』の「魏志」倭人伝によったものが多いが、一部に独自のものもある。特に「桓霊の間、倭国大いに乱れ、更相攻伐して歴年主なし」の記事は、2世紀後半の日本の様子を記した貴重な史料といえる。

演習
問1　武帝
問2　環濠集落・高地性集落(の存在)。

考察
自己の勢力を維持拡大するために大陸の先進的な文物を手に入れ、ほかの勢力より優位な立場を確立しようとして、中国との交流を図った。(解答例)

〈教科書に見る解法へのヒント〉
　これら小国の王たちは、中国や朝鮮半島の先進的な文物を手に入れるうえで有利な位置にあり、他の小国より倭国内での立場を高めようとして、中国にまで使いを送ったのであろう。
（詳説日本史21頁1〜3行目）

＊＊＊＊＊ センター試験にチャレンジ ＊＊＊＊＊
①

2 「魏志」倭人伝

この史料の出典は？

『三国志』の中の「魏書巻三十烏丸鮮卑東夷伝倭人の条」を「魏志」倭人伝と呼んでいる。『三国志』は晋の陳寿(233〜297)が編纂した魏・呉・蜀の3国が争っていた時代の正史。中国の正史の中で日本伝の記事としては『後漢書』よりも古く、『漢書』についで古い。邪馬台国や卑弥呼についてまとまった記事があり、3世紀の日本の様子を知る貴重な史料である。しかし、その記載には誤り(たとえば邪馬台国の位置)や誇張も含まれていて、慎重な取扱いが必要である。

演習
問1　下戸(身分の低い人)が、大人(身分の高い人)と道路で出会えば、ためらいながら草むらへ入り、話をする場合は、うずくまったり、ひざまずいたりして、平伏する。
問2　鬼道(呪術)をおこない、人々を信頼させて支配した。

考察
近畿説ならば、邪馬台国が発展してヤマト政権となっていったと推測される。九州説ならば、邪馬台国とヤマト政権との直接の関係は推定できないこととなる。(解答例)

〈教科書に見る解法へのヒント〉
　近畿説をとれば、すでに3世紀前半には近畿中央部から九州北部におよぶ広域の政治連合が成立していたことになり、のちに成立するヤマト政権につながることになる。一方、九州説をとれば、邪馬台国連合は九州北部を中心とする比較的小範囲のもので、ヤマト政権はそれとは別に東方で形成され、九州の邪馬台国連合を統合したか、逆に邪馬台国の勢力が東遷してヤマト政権を形成したということになる。（詳説日本史22頁7〜12行目）

＊＊＊＊＊ センター試験にチャレンジ ＊＊＊＊＊
③

3 倭王武の上表文・稲荷山古墳出土鉄剣銘文

この史料の出典は？

『宋書』は、中国南朝の宋(420〜479)の正史であり、梁(502〜557)の沈約の編纂によるものである。「夷蛮伝」倭国の条に5世紀に遣使した倭の五王(讃・珍・済・興・武)のことが記されている。最後の武は『日本書紀』の雄略天皇に比定され、5世紀におけるヤマト政権の日本の統一過程を推測することができる。

埼玉県の稲荷山古墳出土鉄剣は、1968年に埼玉県行田市の埼玉古墳群にある稲荷山古墳の後円部から発見された。1978年に保存修理でX線検査をしたところ、115文字が金象嵌された銘文が発見された。銘文によると、鉄剣は辛亥年(471？)に作成された。

演習
問1　史料A：武　史料B：ワカタケル
問2　姓

考察

4世紀後半に，朝鮮半島北部の高句麗が南下政策をとったため，朝鮮半島から鉄資源を入手していた倭国とのあいだに緊張関係が生まれた。こうした事態に対応して，朝鮮半島における軍事・外交上の立場を中国王朝に認めてもらうため，倭の五王は使節を送った。
(解答例)

〈教科書に見る解法へのヒント〉

朝鮮半島南部の鉄資源を確保するために，早くからかつての弁韓の地の加耶(加羅)諸国と密接な関係をもっていた倭国(ヤマト政権)は，4世紀後半に高句麗が南下策を進めると，百済や加耶とともに高句麗と争うことになった。
(詳説日本史26頁10〜13行目)
朝鮮半島南部をめぐる外交・軍事上の立場を有利にするため，5世紀初めから約1世紀近くのあいだ，『宋書』倭国伝に讃・珍・済・興・武と記された倭の五王があいついで中国の南朝に朝貢している。
(詳説日本史27頁3〜6行目)

＊＊＊＊＊センター試験にチャレンジ＊＊＊＊＊
②

---

4 憲法十七条

この史料の出典は？

『日本書紀』は720(養老4)年に，舎人親王を代表として，中国の歴史書の体裁にならって編纂されたもので，漢文により編年体で書かれている。30巻からなり，神話・伝承を含めて神代から持統天皇に至るまでの歴史を，天皇を中心に記している。天皇家の支配や律令国家の正統性を示すために編纂された歴史書であるので，十分な史料批判が必要となる。古代史研究の重要な史料である。

演習

問1　法隆寺
問2　制度：冠位十二階　説明：姓は氏族に与えられるが，冠位は個人の才能や功績に対して与えられるもの。

考察

天皇の命令を受けたら必ず従いなさい。天皇は天であり，臣下は地である。
国司・国造は人民から税を不当に取ってはいけない。
国には2人の王はいないし，すべての人民が2人の主人に仕えることはあってはならない。すべての人民にとって，天皇だけが主人である。

〈教科書に見る解法へのヒント〉

冠位十二階は氏族でなく個人の才能・功績に対し冠位を与えることにより，氏族単位の王権組織を再編成しようとしたものであり，憲法十七条も豪族たちに国家の官僚としての自覚を求めるとともに，仏教を新しい政治理念として重んじるものであった。こうして王権のもとに中央行政機構・地方組織の編成が進められた。
(詳説日本史35頁3〜8行目)

＊＊＊＊＊センター試験にチャレンジ＊＊＊＊＊
③

5　遣隋使の派遣

この史料の出典は？

『隋書』は，7世紀に魏徴(580〜643)らによって編纂された隋の正史。85巻である。81巻に東夷伝倭国の条があり，古い事柄の記事には『後漢書』によったものが多くみえる。7世紀の倭国の習俗や政治のあり方にもふれている。遣隋使の記事のほか，冠位十二階や厳格な刑罰制度などについても記されている。

演習

問1　皇帝にご挨拶するとともに，僧侶数十人をつれて仏教を学びに来ました。
問2　高向玄理・旻

考察

隋は，高句麗に遠征する準備を整えていたので，倭国との関係を良好なものとしたかったため。(解答例)

〈教科書に見る解法へのヒント〉

589年に中国で隋が南北朝を統一し，高句麗などの周辺地域に進出し始めると，東アジアは激動の時代を迎えた。　(詳説日本史34頁13〜15行目)

＊＊＊＊＊センター試験にチャレンジ＊＊＊＊＊
⑥

6　大化改新の詔

この史料の出典は？

『日本書紀』については「4　憲法十七条」参照。
改新の詔の信憑性については，多少の修正は加えられているものの，ほぼ同様の詔が発布されたとの考えもあるが，戸籍の作成は25年後の670年（庚午年籍）であり，部民制度の廃止も天武天皇（在位673～686）のころに本格化したと考えられており，『日本書紀』編纂時に大幅な改変が加えられていると考える学説が主流になっている。

演習

昔，天皇が設置した子代の民や各地の屯倉と，諸豪族がもっている部曲の民や各地の田荘を廃止しなさい。
はじめて，戸籍・計帳をつくり，班田収授の法をおこないなさい。

考察

唐が高句麗に遠征をおこなうなど周辺諸国への圧力を強めると，政治的緊張が高まり，倭国も中央集権化を進めて，国内を強力に統治する必要にせまられたため。（解答例）

〈教科書に見る解法へのヒント〉
　7世紀半ばに充実した国家体制を整えた唐が高句麗への侵攻を始めると，国際的緊張の中で周辺諸国は中央集権の確立と国内統一の必要にせまられた。　　　　　（詳説日本史38頁2～4行目）
　朝鮮半島では，唐と新羅が結んで660年に百済を，668年には高句麗を滅ぼした。
　　　　　　　　　　（詳説日本史39頁2～3行目）

＊＊＊＊＊センター試験にチャレンジ＊＊＊＊＊
④

7　木簡

この史料の出典は？

木簡は，遺跡などから出土する文字が記されている木札である。1961年に平城宮跡の発掘中に発見されてから注目を集めるようになった。内容は，官庁間の連絡，記録などに使用した文書木簡，調庸など諸国の貢進物につけた荷札木簡，漢字の練習に使用した習書木簡，地方における郡司からの連絡に使用した郡符木簡などがある。

演習

問1　太政官
問2　国・評・里

考察

史料が少ない古代では，貴重な同時代史料であり，国家が編纂した文献史料ではうかがうことができない，貴族や官人，民衆の実態や生活の様子を知ることができるから。（解答例）

〈教科書に見る解法へのヒント〉
　木簡は，国家が編纂した文献史料とは異なり，その時点で記載されたなまの同時代史料であり，食料の米・塩のことや下級官人たちに関する日常的な記録を伝え，さらに都に送られた荷札や地方出土の木簡は，都だけでなくそれぞれの地方の歴史も明らかにしてくれる。
　　　　　（詳説日本史48頁コラム7～12行目）

＊＊＊＊＊センター試験にチャレンジ＊＊＊＊＊
②

8　国分寺建立の詔

この史料の出典は？

『続日本紀』は797年に成立した歴史書。文武天皇元（697）年から桓武天皇の延暦10（791）年までが記されている。六国史の2番目にあたる正史である。全40巻であるが，前半と後半が別々に編纂されたため，記事の選択や体裁などに不統一がある。奈良時代の基本史料として知られている。

演習

問1　国分寺：金光明四天王護国之寺
　　　国分尼寺：法華滅罪之寺
問2　東大寺

考察

光明子を皇后とする問題を原因とした長屋王の変が起こり，その後，天然痘の流行で政権担当者であった藤原氏の四兄弟が病死した。また，藤原広嗣の乱などが起こった。

〈教科書に見る解法へのヒント〉
　藤原氏の外戚としての地位が危うくなると，不比等の子の武智麻呂・房前・宇合・麻呂の4兄弟

は，729(天平元)年，策謀によって左大臣であった長屋王を自殺させ(長屋王の変)，光明子を皇后に立てることに成功した。しかし，737(天平9)年に流行した天然痘によって4兄弟はあいついで病死し，藤原氏の勢力は一時後退した。かわって皇族出身の橘諸兄が政権を握り，唐から帰国した吉備真備や玄昉が聖武天皇に信任されて活躍した。

740(天平12)年には，藤原広嗣が吉備真備・玄昉らの排除を求めて九州で大規模な反乱をおこしたが鎮圧された(藤原広嗣の乱)。
(詳説日本史49頁23行目～50頁16行目)

＊＊＊＊ センター試験にチャレンジ ＊＊＊＊
⑥

9 大仏造立の詔

この史料の出典は？
『続日本紀』については「8 国分寺建立の詔」参照。

演習
問1 鎮護国家(の思想)
問2 聖武天皇

考察
この富と権力を用いて大仏像をつくる。このことは簡単ではあるが，それでは人々を救おうとする願いを達成するのは難しい。(解答例)

＊＊＊＊ センター試験にチャレンジ ＊＊＊＊
①

10 三世一身法・墾田永年私財法

この史料の出典は？
『続日本紀』については「8 国分寺建立の詔」参照。

演習
問1 百万町歩の開墾計画
問2 長屋王
問3 三世一身法

考察
墾田永年私財法は民間の開墾によって田地を拡大し，政府が掌握する田地を増加させるねらいをもっていた。その実施により土地公有の原則は崩れ，大寺院や貴族などが大規模な開墾をおこない初期荘園が形成された。

(解答例)

〈教科書に見る解法へのヒント〉
743(天平15)年には政府は墾田永年私財法を発し，開墾した田地の私有を永年にわたって保障した。この法は，政府の掌握する田地を増加させることにより土地支配の強化をはかる積極的な政策であったが，その一方で貴族・寺院や地方豪族たちの私有地拡大を進めることになった。とくに東大寺などの大寺院は，広大な原野を独占し，国司や郡司の協力のもとに，付近の農民や浮浪人らを使用して灌漑施設をつくり，大規模な原野の開墾をおこなった。これを初期荘園という。
(詳説日本史53頁6～12行目)

＊＊＊＊ センター試験にチャレンジ ＊＊＊＊
問1 ③
問2 ①

11 浮浪・逃亡の続出

この史料の出典は？
『続日本紀』については「8 国分寺建立の詔」参照。この史料は養老元(717)年の記事であり，負担の重さから浮浪・逃亡する農民が奈良時代当初から多数いたこと，それが政府にとって大きな問題となっていたことを示すものである。

演習
問1(1)防人
(2)都での10日間の労役(歳役)のかわりに布2丈6尺を負担する。
問2 戸籍を偽り成人男性であるのに女性として登録すること。(解答例)

〈教科書に見る解法へのヒント〉
8世紀後半から9世紀になると，農民間に貧富の差が拡大したが，有力農民も貧窮農民もさまざまな手段で負担を逃れようとした。そして戸籍には，兵役・労役・租税を負担する成人男性ではなく女性の登録を増やす偽りの記載(偽籍)が増え，律令の制度は実態とあわなくなった。こうして，手続きの煩雑さもあって班田収授は実施が困難になっていった。
(詳説日本史63頁8～13行目)

考察

全国の人民が各地に浮浪して庸・調・雑徭を逃れようとしたことで、政府の税収が減ったため。(解答例)

〈教科書に見る解法へのヒント〉

困窮した農民の中には、口分田を捨てて戸籍に登録された地を離れて他国に浮浪したり、都の造営工事現場などから逃亡して、地方豪族などのもとに身を寄せるものも増えた。一方、有力農民の中にも、経営を拡大するために浮浪人となったり、勝手に僧侶となったり(私度僧)、貴族の従者となって、税負担を逃れるものがあった。8世紀の末には、調・庸の品質の悪化や滞納が多くなり、また兵士の弱体化が進んで、国家の財政や軍制にも大きな影響が出るようになった。

(詳説日本史53頁13行目〜54頁10行目)

＊＊＊＊＊ センター試験にチャレンジ ＊＊＊＊＊

①

12　農民の苦しみ──貧窮問答歌

この史料の出典は？

8世紀後期に成立した『万葉集』には、約4500首の長歌や短歌などが収められている。東歌や防人の歌なども収録しており、歌風は素朴さと力強さが表現されている。この『万葉集』の中に、山上憶良の長歌である本史料「貧窮問答歌」も収録されている。農民の生活の貧しさと里長の苛酷な税の取立てを貧者と窮者の問答形式で歌っているが、筑前守であった山上憶良が想像して歌ったもので、当時の様子をありのままに歌ったものではないとも考えられている。

演習

問1　竈（かまど）・甑（こしき）

問2　里長

考察

当時の農民は、さまざまな税負担があったり、自然災害などからたびたび飢饉に見舞われて、生活が安定していなかった。(解答例)

〈教科書に見る解法へのヒント〉

農民は、班給された口分田を耕作したほか、口分田以外の公の田（乗田）や寺社・貴族の土地を原則として1年のあいだ借り、収穫の5分の1を地子として政府や持ち主におさめた（賃租）。農民には兵役のほか、雑徭などの労役や運脚などの負担があったため、生活に余裕はなかった。さらに、天候不順や虫害などに影響されて飢饉もおこりやすく、国司・郡司らによる勧農政策があっても不安定な生活が続いた。

(詳説日本史52頁14〜26行目)

＊＊＊＊＊ センター試験にチャレンジ ＊＊＊＊＊

①

13　藤原氏の栄華

この史料の出典は？

藤原氏の栄華を取り上げている史料の『小右記』は、右大臣藤原実資が記録した977〜1040年の約60年間の日記である。この期間は、道長・頼通の摂関期全盛時代であり、この史料に記載されている「此の世をば我が世とぞ思ふ望月のかけたることも無しと思へば」は、よく知られている。

演習

女御の藤原威子が皇后(中宮)の位につく。

考察

摂政や関白は官吏の人事権を掌握するなどして、絶大な権力を握っていたため。(解答例)

〈教科書に見る解法へのヒント〉

摂政・関白は官吏の人事権を掌握していたため、中・下級の貴族たちは摂関家を頂点とする上級貴族に隷属するようになり、やがて昇進の順序や限度は、家柄や外戚関係によってほぼ決まってしまうようになった。その中で中・下級の貴族は、摂関家などに取り入ってその家の事務を扱う職員である家司となり、経済的に有利な地位となっていた国司(受領)になることを求めた。

(詳説日本史70頁25行目〜71頁4行目)

＊＊＊＊＊ センター試験にチャレンジ ＊＊＊＊＊

④

14　『往生要集』の序文・極楽歌

この史料の出典は？

『往生要集』は天台宗の学僧であった源信(942〜

1017）が著した浄土教を体系化した仏教書である。源信は学才の誉れが高く，横川の恵心院に隠棲して修行と著作に専念し，恵心僧都とか横川僧都と呼ばれた。『往生要集』では多数の仏典を引用して浄土教の体系的な理論化が図られたが，称名念仏（法然や親鸞がもっとも重視した「南無阿弥陀仏」ととなえること）のみならず，阿弥陀の観相（ある対象を観察し，一心に思いをこらすこと）による念仏なども重視している。

史料の「極楽歌」が載せられているのが，後白河法皇が編纂した平安時代末期の歌謡集『梁塵秘抄』である。当時，貴族のあいだで流行した七五調四句の歌謡である今様などの歌が集成されている。

演習
- 問1　製作者：定朝　製作技法：寄木造
- 問2　浄土教
- 問3　後白河上皇

考察
乱れ濁った末世の社会を生きていくための道標とするため。（解答例）

〈教科書に見る解法へのヒント〉
盗賊や乱闘が多くなり，災厄がしきりにおこった世情が，仏教の説く末法の世の姿によくあてはまると考えられ，来世で救われたいという願望をいっそう高めたのである。そして，めでたく往生をとげたと信じられた人びとの伝記を集めた慶滋保胤の『日本往生極楽記』をはじめ，多くの往生伝がつくられた。　（詳説日本史74頁8～12行目）

＊＊＊＊＊ センター試験にチャレンジ ＊＊＊＊＊
②

15　国司の暴政——尾張国郡司百姓等解

この史料の出典は？

永延2（988）年11月18日付で，尾張国の郡司百姓等が国守の藤原元命の非法を朝廷に訴えた文書である。解というのは，律令（公式令）で定められた，個人が上級機関や貴人に申し上げる書式である。内容は藤原元命の非法を31カ条にわたって糾弾するもので，その解任を要求している。

演習
①醍醐　②荘園整理　③三善清行　④田堵　⑤名　⑥負名

考察
- 問1　定められた額を政府に納入しさえすれば，残りは自分の収入になるので，定められた以上に徴収した。（解答例）
- 問2　強力に徴税をおこなうなどの役割。

〈教科書に見る解法へのヒント〉
これまでは，税の徴収・運搬や文書の作成などの実務は郡司がおこなってきたが，受領は，郡司に加えてみずからが率いていった郎等たちを強力に指揮しながら徴税を実現し，みずからの収入を確保するとともに国家の財政を支えた。
　（詳説日本史79頁19～22行目）
受領たちの中には，巨利を得ようとする強欲なものもおり，郡司や有力農民からしばしば暴政を訴えられた。　（詳説日本史80頁2～3行目）

＊＊＊＊＊ センター試験にチャレンジ ＊＊＊＊＊
③

16　荘園の寄進

この史料の出典は？

「東寺百合文書」は，東寺に伝来する文書群である。江戸時代に加賀藩前田綱紀が寄進した100個の箱に文書を収めたので，百合文書と呼ばれている。この史料は，寄進地系荘園の例として高校ではたびたび引用されている。しかし，最近の研究では，この文書が作成されたのは鎌倉時代の末期であることから，一方の立場（預所）の権限を強調して描いていると指摘されている。

演習
- 問1　国司の不当な介入を防ぐため。（解答例）
- 問2　荘官

考察
- 問1　律令制的な支配が崩壊し，律令で定められた収入が不安定になった貴族や大寺社などは，積極的に荘園の寄進を受けた。（解答例）

〈教科書に見る解法へのヒント〉
11世紀後半になると，受領から中央に送られる税収が減少し，律令制で定められた封戸などの収入が不安定になった天皇家や摂関家・大寺社は，積極的に寄進を受け，さらに荘園の拡大をはかる

ようになった。（詳説日本史81頁10～12行目）

問2　私領の拡大を図りながら勢力を拡大し，土着した貴族などを棟梁としたり，国衙の在庁官人となったりして，武士団を形成していった。（解答例）

〈教科書に見る解法へのヒント〉
　11世紀になると，開発領主たちは私領の拡大と保護を求めて，土着した貴族に従属してその郎党となったり，在庁官人になったりしてみずからの勢力をのばし，地方の武士団として成長していった。　　　　　（詳説日本史83頁12～15行目）

＊＊＊＊＊ センター試験にチャレンジ ＊＊＊＊＊
問1　①
問2　②

17　記録荘園券契所の設置

この史料の出典は？
　『愚管抄』は，天台宗の最高位である天台座主をつとめた学僧慈円(1155～1225)の書いた歴史書。慈円は藤原氏出身で，関白九条兼実の弟。神武天皇から承久の乱までを7期に分けて書き，歴史は道理によって展開すると説いている。この書を後鳥羽上皇に献じて，討幕計画をいましめたともいう。高校の日本史では，この「記録荘園券契所」の部分がもっとも引用されている。

演習
問1　甥(兄弟の子)で，娘の夫でもある後冷泉天皇に比べ，甥と姪の子である後三条天皇は血縁的には遠くなったといえる。（解答例）

〈教科書に見る解法へのヒント〉
　関白の藤原頼通の娘には皇子が生まれなかったので，時の摂政・関白を外戚としない後三条天皇が即位した。　　（詳説日本史86頁4～6行目）

問2　宣旨や官符という証拠書類をもたない荘園が全国に増え，国衙領などの公有地を減らしている状態。

考察
　国司は，自分の任国(国司に任命された国)の税の徴収をおこなっており，荘園は国司による税の徴収がおよばない土地であったから。（解答例）

〈教科書に見る解法へのヒント〉
　10世紀の初めは，律令体制のいきづまりがはっきりしてきた時代であった。……もはや戸籍・計帳の制度は崩れ，班田収受も実施できなくなっていたので，租や調・庸を取り立てて，諸国や国家の財政を維持することはできなくなっていた。
　こうした事態に直面した政府は，9世紀末から10世紀前半にかけて国司の交替制度を整備し，任国に赴任する国司の最上席者(ふつうは守)に，大きな権限と責任とを負わせるようにした。この地位は，……受領と呼ばれるようになった。
　　　　　（詳説日本史78頁9行目～79頁12行目）
　荘園の中には，貴族や有力寺社の権威を背景にして，政府から官物や臨時雑役の免除(不輸)を承認してもらう荘園がしだいに増加し，……やがて，荘園内での開発が進展するにともない，不輸の範囲や対象をめぐる荘園領主と国衙との対立が激しくなると，荘園領主の権威を利用して，検田使など国衙の使者の立入りを認めない不入の特権を得る荘園も多くなっていった。その結果，11世紀後半になると，受領から中央に送られる税収が減少し，律令制で定められた封戸などの収入が不安定になった天皇家や摂関家・大寺社は，積極的に寄進を受け，さらに荘園の拡大をはかるようになった。　　　　　（詳説日本史81頁4～12行目）

＊＊＊＊＊ センター試験にチャレンジ ＊＊＊＊＊
問1　③
問2　①

18　院政の開始

この史料の出典は？
　『中右記』は，藤原宗忠の日記。宗忠が中御門右大臣と称したことからその名がある。1087年から1138年までの52年間にわたって書き継がれ，白河院政期から鳥羽院政期にかけての重要史料である。平安時代の貴族は，儀式や政務を記録するために日記をつけ，その家に代々保存し，貴重な情報として活用した。藤原道長の望月の歌を伝える『小右記』もそうした日記である。なお，高校の日本史における院政に関する史料では，『中右記』のほか，考察であげた『神皇正統記』の記事もよく用いられる。

演習

問1　白河法皇(白河院)
問2　堀河天皇
問3　きまりや前例によらず，自分の思いのままに(意に任せ，法に拘らず)，政治をおこなった。(解答例)

〈教科書に見る解法へのヒント〉
　院政は，自分の子孫の系統に皇位を継承させようとするところから始まったが，法や慣例にこだわらずに院が政治の実権を専制的に行使するようになり，白河上皇・鳥羽上皇・後白河上皇と100年余りも続いた。そのため摂関家は，院と結びつくことで勢力の衰退を盛りかえそうとつとめた。
（詳説日本史88頁13～19行目）

考察

問1　藤原摂関家をおさえ，荘園整理の断行を歓迎する国司(受領)や，院の后妃(きさき)や乳母(授乳や養育の役割を持った女性)の一族。(解答例)

〈教科書に見る解法へのヒント〉
　政府は，9世紀末から10世紀前半にかけて国司の交替制度を整備し，任国に赴任する国司の最上席者(ふつうは守)に，大きな権限と責任とを負わせるようにした。この地位は，新たに任じられたものが，交替の際に一国の財産などを前任者から引き継ぐことから，やがて受領と呼ばれるようになった。（詳説日本史79頁3～12行目）
　当時の貴族社会では，結婚した男女は妻側の両親と同居するか，新居を構えて住むのが一般的であった。夫は妻の父の庇護を受け，また子は母方の手で養育されるなど，母方の縁が非常に重く考えられていた。（詳説日本史70頁14～16行目）
　上皇の周囲には，富裕な受領や后妃・乳母の一族など院近臣と呼ばれる一団が形成され，上皇から荘園や収益の豊かな国を与えられた。とくに鳥羽上皇の時代になると，院の周辺に荘園の寄進が集中したばかりでなく，有力貴族や大寺院への荘園の寄進も増加した。また，不輸・不入の権をもつ荘園が一般化し，不入の権の内容も警察権の排除にまで拡大されて，荘園の独立性が強まった。
（詳説日本史88頁25行目～89頁4行目）

問2　院(上皇・法皇)が政治の実権を専制的に行使するようになり，天皇は政治に関与しにくくなったから。(解答例)

〈教科書に見る解法へのヒント〉
　(白河上皇は)ついに堀河天皇の死後には本格的な院政を始めたが，この院政では，院庁からくだされる文書の院庁下文や，院の命令を伝える院宣が国政一般にしだいに効力をもつようになった。
（詳説日本史88頁7～12行目）

＊＊＊＊＊ センター試験にチャレンジ ＊＊＊＊＊
⑤

19　平氏の繁栄

この史料の出典は？
『平家物語』は源平の争乱を平家滅亡の歴史として描く軍記物語の傑作とされる。鎌倉時代前期に成立し，盲目の琵琶法師が平曲として語り継ぎ普及した。内容は，平清盛の父忠盛の昇殿に始まり，権勢をほしいままにする清盛ら平氏一門の栄華，またそれを打倒しようとする源氏勢との合戦，壇の浦での平氏滅亡までを描いている。高校の日本史で，この部分が多く引用されるほか，高校の古典の題材としても多く取り上げられる。

演習

問1　平清盛
問2　平氏一門と関係をもたなければ高い地位にのぼることはできない。(解答例)

〈教科書に見る解法へのヒント〉
　清盛は娘徳子(建礼門院)を高倉天皇の中宮に入れ，その子の安徳天皇を即位させ外戚として勢威をふるうなど，平氏政権は著しく摂関政治に似たもので，武士でありながら貴族的な性格が強かった。平氏はまた一門が官職について支配の拡大をはかったために，排除された旧勢力から強い反発を受けた。（詳説日本史92頁21～25行目）

問3　③

〈教科書に見る解法へのヒント〉
　(知行国の制度は)上級貴族に知行国主として一

国の支配権を与え，その国からの収益を取得させる制度。知行国主は子弟や近親者を国守に任じ，現地には目代を派遣して国の支配をおこなったが，これは貴族の俸禄支給が有名無実化したため，その経済的収益を確保する目的で生み出された。

（詳説日本史89頁註②）

考察

問1　みな何とかして平家と縁故を結ぼうとした。（解答例）

問2　日宋貿易によって宋（中国）からもたらされた。（解答例）

〈教科書に見る解法へのヒント〉

清盛の積極的な対外政策の結果，宋船のもたらした多くの珍宝や宋銭・書籍は，以後の日本の文化や経済に大きな影響を与え，貿易の利潤は平氏政権の重要な経済的基盤となった。

（詳説日本史92頁18～20行目）

日宋貿易では，日本からは金・水銀・硫黄・木材・米・刀剣・漆器・扇などを輸出し，大陸からは宋銭をはじめ陶磁器・香料・薬品・書籍などを輸入したが，そのうちの香料・薬品類は，もともとは東南アジア産のものであった。

（詳説日本史92頁註②）

＊＊＊＊＊センター試験にチャレンジ＊＊＊＊＊

③

20　御成敗式目

この史料の出典は？

「御成敗式目」は，1232（貞永元）年に執権北条泰時が定めた鎌倉幕府の基本法典で，貞永式目ともいう。51カ条からなり，源頼朝以来の先例や武士社会の慣習に基づいて，守護や地頭の任務と権限を定め，御家人同士や御家人と荘園領主とのあいだの紛争を公平に裁く基準を明らかにした。その後，必要に応じて発布された個別の法令は式目追加と呼ばれた。のちの室町幕府の法令も，建武年間以後の式目追加という意味で建武以来追加と呼ばれたが，これは御成敗式目が室町幕府のもとでも基本法典としての性格をもっていたことを示している。御成敗式目の写本は数多く伝来しているが，佐藤進一・池内義資編『中世法制史料集』第1巻の校本に準拠することが多い。

演習

問1　源頼朝
問2　大犯三カ条
問3　本領安堵
問4　子どものない女性が自分の土地を養子に相続させるため。（解答例）

〈教科書に見る解法へのヒント〉

当時の家族制度では，女性の地位は比較的高く，相続の際も男性と同じく財産の分配にあずかり，女性が御家人や地頭になる例もみられ，結婚形態は嫁入婚が一般的となった。

（詳説日本史105頁註①）

考察

農民から年貢を徴収して，荘園領主に納めていた。（解答例）

〈教科書に見る解法へのヒント〉

地頭は御家人の中から任命され，任務は年貢の徴収・納入と土地の管理および治安維持であった。

（詳説日本史98頁12～13行目）

みずからは地頭など現地の管理者として，農民から年貢を徴収して国衙や荘園領主におさめ，定められた収入として加徴米などを得ていた。

（詳説日本史104頁19～24行目）

＊＊＊＊＊センター試験にチャレンジ＊＊＊＊＊

③

21　式目制定の趣旨——北条泰時書状

この史料の出典は？

北条泰時書状は，御成敗式目制定の趣旨を知ることのできる史料である。「御成敗式目」については「20　御成敗式目」参照。

演習

問1　承久の乱
問2　エ
問3　武家（の人）
問4　律令

〈教科書に見る解法へのヒント〉
　幕府の勢力範囲を対象とする式目と並んで，朝廷の支配下にはなお律令の系統を引く公家法が，また荘園領主のもとでは本所法が，まだそれぞれの効力をもっていた。
　　　　　　　　　（詳説日本史103頁1～3行目）

問5　評定衆
考察
④

〈教科書に見る解法へのヒント〉
　幕府勢力の発展につれて公平な裁判を重視する武家法の影響は広がっていき，公家法や本所法のおよぶ土地にも武家法が影響を与えるようになり，その効力をもつ範囲が拡大していった。
　　　　　　　　　（詳説日本史103頁3～5行目）
　その後，必要に応じて発布された個別の法令は式目追加と呼ばれ，のちの室町幕府の法令も，建武年間以後の式目追加という意味で建武以来追加と呼ばれた。これは御成敗式目が室町幕府のもとでも基本法典としての生命をもっていたことを示している。　　　　　　（詳説日本史103頁註①）

＊＊＊＊＊ センター試験にチャレンジ ＊＊＊＊＊
②

22　紀伊国阿氐河荘民の訴状

この史料の出典は？
　「高野山文書」は，高野山金剛峰寺に伝わる古文書群である。高校の日本史では，ほかに備後国大田荘の守護請に関わる史料が扱われる。この言上状は1275（建治元）年10月28日付のもので，荘園領主に宛てて提出され，荘園領主側と地頭湯浅氏との訴訟の場で用いられたと考えられる。言上状はカタカナで13カ条にわたって書かれていて，ここに引用したのはそのうちの第4条にあたる。地頭湯浅氏が農民に過重な夫役を賦課したこと以外にも，農民の家を取り壊して奪い取ったり，農民の耕地に下人を入植させたりするなどの非法を重ねたことが，ほかの条文につづられている。

演習
問1(1)材木の納入

(2)地頭が京都大番役をつとめる際などにおける人夫役（夫役）の供出。（解答例）
問2　妻子どもを捕らえて，耳を切り，鼻をそぎ，髪を切って坊主頭にして，縄でしばって折檻するぞ。
考察
　地頭が農民を人夫役に酷使するうえに，わずかに残った者たちにも，逃亡した農民の跡の耕地に麦を蒔けといって追い戻してしまうため。（解答例）

〈教科書に見る解法へのヒント〉
　この頃までの武士は開発領主の系譜を引き，先祖以来の地に住み着いて，所領を拡大してきた。彼らは，河川の近くの微高地を選んで館をかまえ，周囲には堀・溝や塀をめぐらして住んでいた。館の周辺部には，年貢や公事のかからない直営地を設け，下人や所領内の農民を使って耕作させた。そして荒野の開発を進めていき，みずからは地頭など現地の管理者として，農民から年貢を徴収して国衙や荘園領主におさめ，定められた収入として加徴米などを得ていた。
　　　　　　　　　（詳説日本史104頁13～24行目）
　荘園領主や地頭の圧迫・非法に対する農民の動きが活発となり，団結して訴訟をおこしたり，集団で逃亡したりする例も多くなった。年貢を農民が定額で請け負うこともおこなわれた。
　　　　　　　　　（詳説日本史111頁17～19行目）

＊＊＊＊＊ センター試験にチャレンジ ＊＊＊＊＊
①

23　永仁の徳政令

この史料の出典は？
　「東寺百合文書」については「16　荘園の寄進」参照。
　執権北条貞時が1297（永仁5）年に発布した永仁の徳政令の中心は，御家人所領の無償取戻しを規定した同年3月の関東御事書の法と，関東から六波羅探題へ送られた御事書の法3カ条のうちの第2条である。ここで引用されているのは六波羅探題宛の第2条で，第1条では越訴（再審請求）を禁止し，第3条では金銭貸借に関する訴訟の不受理を規定している。しかし，所領の質入れや売買の禁止に加えて，越訴の禁止は御家人の再審の道を閉ざすもので，御家人からの反発も大きかった。そのため，翌年には第2条の御家人所領の無

償取戻し条項を除いて，そのほかはすべて撤廃された。

演習
問1　北条貞時
問2　御家人が所領を質入れしたり売買したりすること。（解答例）
問3　北条氏の家督である得宗が権力を握り，得宗のもとでその家臣である御内人や北条一門が幕政を主導する政治体制。（解答例）

〈教科書に見る解法へのヒント〉
　北条氏の権力はさらに拡大し，なかでも家督をつぐ得宗の勢力が強大となった。それとともに得宗の家臣である御内人と本来の御家人との対立が激しくなり，時宗の子の北条貞時の代になって，1285(弘安8)年に御内人の中心人物(内管領という)の平頼綱が有力御家人の安達泰盛を滅ぼすと(霜月騒動)，貞時はやがてその頼綱を滅ぼし，幕府の全権を握った。
　こうして得宗の絶大な勢威のもとで，御内人や北条氏一門が幕政を主導するようになった。全国の守護の半分以上は北条氏一門が占めて，各地の地頭の職もまた多くは北条氏の手に帰した。これを得宗専制政治と呼ぶ。
　　　　　　　　　（詳説日本史109頁8〜16行目）

問4　もとの所有者である御家人が無償で取り戻すことを認める。（解答例）

〈教科書に見る解法へのヒント〉
　幕府は窮乏する御家人を救う対策をとり，1297(永仁5)年には永仁の徳政令を発布し，御家人の所領の質入れや売買を禁止して，それまでに質入れ，売却した御家人領を無償で取り戻させ，御家人が関係する金銭の訴訟を受けつけないなどの対策をとった。　（詳説日本史112頁16〜19行目）

考察
①蒙古襲来による戦費の負担と恩賞の不足。②分割相続による所領の細分化。③貨幣経済の浸透による支出の増大。（解答例）

〈教科書に見る解法へのヒント〉
　蒙古襲来は御家人たちに多大な犠牲を払わせたが，幕府は十分な恩賞を与えることができず，御家人たちの信頼を失う結果になった。また御家人たちの多くは，分割相続の繰り返しによって所領が細分化されたうえ，貨幣経済の発展に巻き込まれて窮乏していった。
　　　　　　　　　（詳説日本史112頁4〜12行目）

＊＊＊＊＊センター試験にチャレンジ＊＊＊＊＊
①

24　悪人正機——『歎異抄』

この史料の出典は？
　『歎異抄』は，親鸞の弟子の唯円が，親鸞没後，関東の門徒たちのあいだに師の教えに対する異義・異端が生じたので，師の教えが乱れるのを歎いて，正しい師の教えを継承することを目的として書き記した書物である。親鸞没後約30年後に成立した。全18条のうち前半は親鸞から直接聴聞した言葉の記録，後半は唯円の意見である。本史料は第3条からの引用で，高校の日本史ではこの箇所が扱われることが多い。

演習
問1　親鸞
問2　自分の力により善行を積むことができる人は，ひたすらに阿弥陀仏の力にすがる気持ちが欠けているため。

考察
　仏教的善行を積むことができず，煩悩から逃れられない罪の自覚をもつ人こそが，阿弥陀仏の本来の救いの対象であり，念仏により往生できるという教えにより，救いの対象が広がったので，農民や，生活のために殺生せざるを得ない漁夫や猟師，武士など，生きていくうえでのあらゆる煩悩から逃れられない人々のあいだに広がっていった。（解答例）

〈教科書に見る解法へのヒント〉
　親鸞もこの時，法然の弟子の一人として越後に流されたが，のちに関東の常陸に移って師の教えを一歩進めた。煩悩の深い人間(悪人)こそが，阿弥陀仏の救いの対象であるという悪人正機を説いたが，その教えは農民や地方武士のあいだに広がり，やがて浄土真宗(一向宗)と呼ばれる教団が形成されていった。
　　　　　　　　（詳説日本史113頁25行目〜114頁3行目）

第Ⅱ部 中世

***** センター試験にチャレンジ *****
④

25 二条河原落書

この史料の出典は？

『建武年間記』は、『建武記』ともいい、1334(建武元)年から1336(建武3)年にかけてのできごとを、ほぼ年代順に並べている。編者は不明であるが、南北朝時代の初期の成立と考えられる。ここで取り上げた「二条河原落書」もこの中に含まれている。「二条河原落書」は、1334年8月、後醍醐天皇の政庁のあった二条富小路にほど近い二条河原に落書が立てられた。この史料からは、京都の騒然とした様子、新政権の混乱ぶり、社会の混乱により、新政権が急速に人々の信頼を失っている様子を読み取ることができる。

演習
問1 雑訴決断所
問2 下剋上(下克上)

考察
建武政権が、すべての土地所有権の確認は天皇の綸旨を必要とするという趣旨の法令を打ち出したから。(解答例)

〈教科書に見る解法へのヒント〉
天皇は、幕府も院政も摂政・関白も否定して、天皇への権限集中をはかり、すべての土地所有権の確認は天皇の綸旨を必要とするという趣旨の法令を打ち出した。(詳説日本史121頁11〜13行目)

***** センター試験にチャレンジ *****
③

26 半済令

この史料の出典は？

『建武以来追加』は、室町幕府が、鎌倉幕府が制定した追加法に加えて建武年間以降に新たに定めた追加法を集成した法令集。室町幕府は、鎌倉幕府の制定した御成敗式目を基本法典とし、鎌倉幕府による追加法も採用している。室町幕府の制定した追加法が『建武以来追加』と呼ばれている。

演習
問1 近江：滋賀県　美濃：岐阜県　尾張：愛知県
問2 守護の軍勢の兵粮米(食糧)

考察
問1 守護は半済などの権限を利用して国内の荘園や公領を侵略し、これを武士に分け与えることによって、彼らを統制下に繰り入れていった。(解答例)

〈教科書に見る解法へのヒント〉
半済令は、軍費調達のために守護に一国内の荘園や公領の年貢の半分を徴発する権限を認めたもので、その効果は大きかった。守護はこれらの権限を利用して国内の荘園や公領を侵略し、これを武士たちにわけ与えて、彼らを統制下に繰り入れていった。(詳説日本史123頁13〜17行目)

問2 皇室の荘園、地頭のおかれていない寺社の荘園、摂関家の荘園などを半済の対象外としたこと。期限や対象地域を限定しなかったこと。年貢ではなく土地そのものを半分に分けたこと。(解答例)

〈教科書に見る解法へのヒント〉
1352(文和元)年にはじめて発布された半済令は、1年限りのもので、動乱の激しかった近江・美濃・尾張の3国に限定されていたが、やがて全国的に、また永続的におこなわれるようになり、しかも年貢だけでなく、土地を分割するようになった。(詳説日本史123頁註②)

***** センター試験にチャレンジ *****
問1 ④
問2 ①

27 惣掟

この史料の出典は？

「今堀日吉神社文書」は、比叡山領近江国得珍保の今堀郷の鎮守であった日吉神社(滋賀県東近江市)に伝来した約1000点におよぶ惣村文書で、中世の商業史・惣村史研究に不可欠の文書群である。

演習
問1 入会地
問2 寄合

〈教科書に見る解法へのヒント〉
惣村は寄合という村民の会議の決定に従って、

おとな(長・乙名)・沙汰人などと呼ばれる村の指導者によって運営された。また，村民はみずからが守るべき規約である惣掟(村法・村掟)を定めたり，村内の秩序を維持するために村民自身が警察権を行使すること(地下検断・自検断)もあった。
（詳説日本史131頁12行目〜132頁2行目）

問3　家を売却した代金の3％を惣村に納める。(解答例)

考察

惣の土地と私有地との境界争いは，金銭で解決すること。

＊＊＊＊＊センター試験にチャレンジ＊＊＊＊＊
②

28 正長の徳政一揆

この史料の出典は？

『大乗院日記目録』は，興福寺大乗院門跡尋尊が，大乗院に伝わる歴代の日記・記録類と，みずからの日記などを抄出・編集したもので，1065(治暦元)年から1504(永正元)年の記事が収録されている。尋尊は一条兼良の子で，1430(永享2)年から1508(永正5)年に門跡をつとめた。この記事から，土一揆に対する貴族層の衝撃と，危機感を読み取ることができる。

演習

問1　惣村の結合をもとにした農民。(解答例)
問2　私徳政
問3　室町幕府で，将軍を補佐する中心的な職。(解答例)

〈教科書に見る解法へのヒント〉

この頃，近畿地方を中心にひんぱんに発生するようになったのが土一揆(徳政一揆)である。土一揆は，惣村の結合をもとにした農民勢力が，一部の都市民や困窮した武士とともに，徳政を求めて蜂起したもので，1428(正長元)年の正長の徳政一揆は，京都の土倉・酒屋などを襲って，質物や売買・貸借証文を奪い，中央の政界に衝撃を与えた。この頃の社会には，都市・農村を問わず，土倉などの高利貸資本が深く浸透していたため，この一揆はたちまち近畿地方やその周辺に広がり，各地で実力による債務破棄・売却地の取戻し(私徳政)が展開された。　　（詳説日本史133頁4〜13行目）

考察

問1　支配層。民衆の蜂起を「国を破滅させること」としてとらえているから。(解答例)
問2　債務がなくなった。(解答例)

〈教科書に見る解法へのヒント〉

文意は，「正長元(1428)年より以前に関しては，神戸四カ郷には負債がいっさいない」というもので，それまでの負債が正長元年ですべて破棄されたことを示している。ここにある「負目」とは，農村の内外の土倉などからの借銭とともに，滞納した年貢に利子がつけられ負債とみなされていたものも含まれる。各地の惣村を基盤とした徳政一揆の蜂起が，大きな広がりを示したのはこのためである。　　（詳説日本史133頁コラム6〜13行目）

＊＊＊＊＊センター試験にチャレンジ＊＊＊＊＊
問1　③
問2　①

29 山城の国一揆

この史料の出典は？

『大乗院寺社雑事記』は，興福寺大院門跡尋尊の日記で，1450(宝徳2)年から1508(永正5)年の記事が収録されている。寺内の行事・人事や組織，寺領荘園の経営，応仁の乱前後の大和や河内・京都の情勢などが記されている。引用した箇所から，土民の蜂起に対する支配層の衝撃と，危機感を読み取ることができる。

演習

問1　地頭などの在地の武士
問2　応仁の乱

考察

問1　山城の国から退却することを求める内容。(解答例)

〈教科書に見る解法へのヒント〉

1485(文明17)年，南山城地方で両派にわかれて争っていた畠山氏の軍を国外に退去させた……
（詳説日本史135頁14〜15行目）

問2　会合して国掟を定めた。

＊＊＊＊＊センター試験にチャレンジ＊＊＊＊＊
問1　③

問2　③

30　加賀の一向一揆

この史料の出典は？

『蔭涼軒日録』は、将軍と相国寺の連絡にあたり、禅宗寺院の人事も管轄した相国寺鹿苑院の蔭涼軒主という役職の公的な日記。寺院から幕府への申請と将軍の決裁などに関する記事が記されている。

『実悟記拾遺』は、蓮如の十男実悟が見聞した本願寺の行事や儀式などについて記したもの。『蔭涼軒日録』は幕府の立場、『実悟記拾遺』は本願寺の立場で記されたということができる。

演習

(a)　福井県
(b)　石川県

〈教科書に見る解法へのヒント〉

加賀の門徒が国人と手を結び、守護富樫政親を倒したもので、一揆が実質的に支配する本願寺領国が、以後、織田信長に制圧されるまで、1世紀にわたって続いた。
（詳説日本史136頁1～3行目）

考察

問1　講を組織した惣村に布教し、村の道場では、講によって結ばれた信者の寄合がもたれ、信仰が深められたから。（解答例）

〈教科書に見る解法へのヒント〉

本願寺の蓮如は、阿弥陀仏の救いを信じれば、だれでも極楽往生ができることを平易な文章（御文）で説き、講を組織して惣村に広めていった。
（詳説日本史147頁16～17行目）

村落の道場には本願寺の下付した本尊の絵像などがおかれ、そこで講によって結ばれた信者（門徒）の寄合がもたれ、信仰が深められていった。
（詳説日本史147頁註②）

問2　百姓が取り立てた守護だったので、百姓のもっている国のようになった。（解答例）

＊＊＊＊＊センター試験にチャレンジ＊＊＊＊＊

②

31　家法・分国法

この史料の出典は？

分国法（家法）は、戦国大名が家臣団統制・領国支配のために制定した法で、その効力は支配している領国内に限定される。高校の日本史では、今川氏の「今川仮名目録」、朝倉氏の「朝倉孝景条々」、伊達氏の「塵芥集」、武田氏の「甲州法度之次第」、結城氏の「結城氏新法度」、六角氏の「六角式目」、長宗我部氏の「長宗我部氏掟書」などが取り上げられる。

演習

問1　喧嘩両成敗法
問2　武田信玄（晴信）
問3　静岡県

〈教科書に見る解法へのヒント〉

戦国大名は、家臣団統制や領国支配のための政策をつぎつぎと打ち出した。中には領国支配の基本法である分国法（家法）を制定するものもあったが、これらの法典には、幕府法・守護法を継承した法とともに、国人一揆の規約を吸収した法などがみられ、中世法の集大成的な性格をもっていた。また喧嘩両成敗法など、戦国大名の新しい権力としての性格を示す法も多くみられた。
（詳説日本史149頁24行目～150頁8行目）

喧嘩両成敗法の目的は、家臣相互の紛争を自分たちの実力による私闘（喧嘩）で解決することを禁止し、すべての紛争を大名による裁判にゆだねさせることで、領国の平和を実現することにあった。
（詳説日本史150頁註①）

考察

婚姻を通じて、家臣が他国の大名などと関係を結ぶのを防ぐため。（解答例）

＊＊＊＊＊センター試験にチャレンジ＊＊＊＊＊

②

32　自由都市堺について――ガスパル＝ヴィレラ書簡

この史料の出典は？

『耶蘇会士日本通信』は、16世紀、ザビエルの来日布教後に来日した多くの耶蘇会（イエズス会）宣教師たちがローマ・ポルトガル・インドなどで活動している

イエズス会士宛に書き送った書簡を収録したもの。イエズス会宣教師は，布教地の実情や布教活動の成果について，上長に報告書を送ることを義務づけられていた。この史料は，ポルトガル出身のイエズス会宣教師ガスパル＝ヴィレラが堺で布教時に書いた書簡の一部であり，当時の堺の状況を，ヨーロッパの代表的自治都市ヴェネツィアになぞらえて報告している。16世紀の自由都市堺の様子を宣教師の視点から伝える貴重な同時代史料である。

演習

問1　ヴェネツィアのように執政官によって治められている。

問2　年行司

考察

問1　（政治的・軍事的な対立よりも）自由な商業取引を優先させていたから。（解答例）

問2　戦乱の影響から，町の財産と自治を守るため。（解答例）

〈教科書に見る解法へのヒント〉

　戦乱の中でも遠隔地商業はあいかわらず活発であり，港町や宿場町が繁栄した。これらの都市の中には，富裕な商工業者たちが自治組織をつくって市政を運営し，平和で自由な都市をつくり上げるものもあった。日明貿易の根拠地として栄えた堺や博多，さらに摂津の平野，伊勢の桑名や大湊などが代表的であり，とくに堺は36人の会合衆，博多は12人の年行司と呼ばれる豪商の合議によって市政が運営され，自治都市の性格を備えていた。

（詳説日本史151頁19行目〜152頁5行目）

＊＊＊＊＊ センター試験にチャレンジ ＊＊＊＊＊

②

33　楽市令

この史料の出典は？

　「近江八幡市共有文書」は，滋賀県近江八幡市の共有文書で『滋賀県八幡町史』に収録されている。織田信長が築城した安土城は現在の近江八幡市に位置し，その城趾は国の特別史跡となっている。また，史料の題目である「楽市令」とは，16世紀半ばから17世紀初頭にかけて，戦国大名・織豊政権が，荒廃した地方市場の復興，また新設市場・新城下町の繁栄を目的に発布したものである。現在，史料的に知られる楽市は，天文18(1549)年の近江国石寺新市を初見とし，慶長15(1610)年の美濃国黒野を最後とする。この「楽」という言葉の意味は，楽市令の内容からみて，今日の「自由」「自然」に近い意味であり，楽市とは交換を目的とする本来的市場の姿を示すものと位置づけられている。

演習

問1　C

問2　安土城下では，徳政（借金の帳消し）が実施されないので，商人は貸したお金を返してもらうことができた。（解答例）

考察

　領国の経済を振興させるため，市場や町を発展させる目的で楽市令を出した。（解答例）

〈教科書に見る解法へのヒント〉

　戦国時代には，領国経済の振興をめざす戦国大名の政策もあって，農村の市場や町が飛躍的に増加した。また大寺社だけでなく，地方の中小寺院の門前町も繁栄した。とくに浄土真宗の勢力の強い地域では，その寺院や道場を中心に寺内町が各地に建設され，そこに門徒の商工業者が集住した。

　これらの市場や町は，自由な商業取引を原則とし，販売座席（市座）や市場税などを設けない楽市として存在するものが多かった。

（詳説日本史151頁5〜14行目）

＊＊＊＊＊ センター試験にチャレンジ ＊＊＊＊＊

①

※写真甲＝信長「天下布武」の印判（東京大学史料編纂所蔵）

※写真乙＝『長篠合戦図屏風』部分（徳川美術館蔵，©徳川美術館イメージアーカイブ／ DNP artcom）

34　太閤検地

この史料の出典は？

　「浅野家文書」は広島藩主であった浅野家伝来の文書で，『大日本古文書』に所収されている。豊臣秀吉の五奉行の首座であった浅野長政の時代のものなど，関ヶ原の戦い以前のものが大半を占め，豊臣秀吉の小田原攻めや文禄・慶長の役などの重要な史料が多い。

この史料は検地を担当した浅野長政に宛てられたものである。

演習
問1　それぞれの地方の国人や百姓たち
問2　その者が城主ならば城へ追い込み、検地担当の武将たちが相談のうえ、一人も残さず皆殺しにしなさい。また、百姓以下の者が納得しない場合は、一郷でも二郷でもことごとく皆殺しにしなさい。

考察
朝鮮出兵のため、全国の大名に石高にみあった軍役を課す体制を整える必要があったから。（解答例）

〈教科書に見る解法へのヒント〉
秀吉は全国統一を終えた1591（天正19）年、天皇におさめるためと称して、全国の大名に対し、その領国の検地帳（御前帳）と国絵図の提出を命じた。これにより、すべての大名の石高が正式に定まり、大名は支配する領国の石高にみあった軍役を奉仕する体制ができあがった。
（詳説日本史163頁4〜12行目）

＊＊＊＊＊センター試験にチャレンジ＊＊＊＊＊
③

35　刀狩令

この史料の出典は？
「小早川家文書」は、豊臣政権の五大老とされた小早川家に伝来した文書。小早川家は、秀秋のときに改易となり、文書も他家に伝えられたが『大日本古文書』に所収されている。刀狩令は、原本や写しなどを含めると20点ほどが現在に伝わっている。その分布は、北陸の加賀前田家から南九州の薩摩の島津家まで、当時の秀吉の勢力圏のほぼ全域にわたっている。掲載の史料は小早川家に伝わったものである。史料からわかるように、どの刀狩令にも宛名が記されていない。これは、特定の個人や大名などに宛てて出されたものではなく、一般法令としての性質をもつことを示している。

演習
問1　百姓
問2　大名およびその家臣、代官

考察
第2条や第3条は、百姓たちが素直に武器を差し出さないと考えた秀吉が、武器の没収をおこなう大名に対し、百姓を説得するための例文を示したものと考えられるから。（解答例）

〈教科書に見る解法へのヒント〉
荘園制下の農民は刀などの武器をもつものが多く、土一揆や一向一揆などでは、これらの武器が威力を発揮した。（詳説日本史163頁14〜16行目）

＊＊＊＊＊センター試験にチャレンジ＊＊＊＊＊
②

36　バテレン追放令

この史料の出典は？
「松浦文書」は、肥前の平戸藩主であった松浦家に伝えられた文書で、長崎県平戸市の松浦史料博物館に所蔵されている。通常、「バテレン追放令」と呼ばれる文書は、この「松浦文書」に収められた6月19日付の五カ条の文書を指すが、1933（昭和8）年に伊勢神宮の神宮文庫から発見された「御朱印師職古格」の中の6月18日付の11カ条の覚書のことも含めることがあるので注意が必要である。

演習
問1　(1)フランシスコ＝ザビエル
　　　(2)コレジオ
問2　これらの国々の船は、商売のために来航しているので、特別に取り扱うこととする。これからも長く貿易を続けるようにせよ。

考察
1587（天正15）年、九州平定におもむいた秀吉は、キリシタン大名の大村純忠が長崎をイエズス会の教会に寄付していることを知って、考えを改めた。もしキリシタンが一向一揆のように蜂起すれば、たいへんな事態になる。そうなる前に布教を制限する必要があると考えた。（解答例）

＊＊＊＊＊センター試験にチャレンジ＊＊＊＊＊
③

37　武家諸法度（元和令）

この史料の出典は？
御触書とは、江戸幕府や藩が公布した法令のことで、幕府がこれをまとめたのが『御触書集成』である。

『寛保集成』のほか『宝暦集成』『天明集成』『天保集成』がある。いずれも正式な名称は『御触書集成』であるが，それぞれを区別するために『御触書○○集成』と呼んでいる。

演習

問1　④

問2　学問と武道

考察

大名家の婚姻関係をもとにした同盟を結ばせないようにするため。（解答例）

＊＊＊＊＊ センター試験にチャレンジ ＊＊＊＊＊

②

38　武家諸法度（寛永令）

この史料の出典は？

『御触書寛保集成』については「37　武家諸法度（元和令）」参照。

演習

①

〈教科書に見る解法へのヒント〉
規定では在府（江戸）1年・在国1年であるが，関東の大名は半年交代であった。参勤交代によって交通が発達し，江戸は大都市として発展したが，大名にとっては，江戸に屋敷をかまえて妻子をおき，多くの家臣をつれての往来自体も，多額の出費をともなう重い役務であった。
（詳説日本史172頁註①）

考察

大名に大船の建造を禁止し，貿易を幕府の統制下におくこと。（解答例）

〈教科書に見る解法へのヒント〉
理由の第2は，幕府が貿易の利益を独占するためで，貿易に関係している西国の大名が富強になることを恐れて，貿易を幕府の統制下におこうとした。そのため，1616（元和2）年には中国船を除く外国船の寄港地を平戸と長崎に制限し，1624（寛永元）年にはスペイン船の来航を禁じた。ついで1633（寛永10）年には，奉書船以外の日本船の海外渡航を禁止し，1635（寛永12）年には，日本人の海外渡航と在外日本人の帰国を禁止し，九州各地に寄港していた中国船を長崎に限った。
（詳説日本史179頁2～8行目）

＊＊＊＊＊ センター試験にチャレンジ ＊＊＊＊＊

問1　④

問2　②

39　禁中並公家諸法度

この史料の出典は？

『大日本史料』は，歴史上の重要事件を「綱文」と称する事件の概要をあらわす文章で示し，その関連史料を列挙したものである。年代的には『日本書紀』から始まる六国史のあとを受け，仁和3（887）年から慶応3（1867）年までの約980年を16の編に分けて，東京大学史料編纂所が現在も編纂を続けている。禁中並公家諸法度の原本は，もともとは御所の殿舎に壁書としておかれていたというが，火災で焼失。その後，副本をもとに伝来した。

演習

問1　幕府の命令

〈教科書に見る解法へのヒント〉
幕府は京都所司代らに朝廷を監視させたほか，摂家（関白・三公）に朝廷統制の主導権をもたせ，武家伝奏を通じて操作した。
（詳説日本史174頁17～19行目）

問2　幕府の法度が天皇の勅許に優先することが明示された。（解答例）

〈教科書に見る解法へのヒント〉
紫衣の寺の住持に関する許可規定が禁中並公家諸法度に定められていたが，遵守されなかったこともあって，幕府は1627（寛永4）年，届け出なく後水尾天皇が紫衣着用を勅許したことを問題にし，これに抗議した大徳寺の沢庵らを処罰した。幕府の法度が天皇の勅許に優先することを明示したものといえる。（詳説日本史175頁註①）

考察

天皇の権威・政治権力が高まり，朝廷と大名が直接結びつく恐れがある。（解答例）

〈教科書に見る解法へのヒント〉
　幕府は天皇・朝廷がみずから権力をふるったり，他大名に利用されることのないよう，天皇や公家の生活・行動を規制する体制をとった。
（詳説日本史174頁20～21行目）

＊＊＊＊＊ センター試験にチャレンジ ＊＊＊＊＊
問1　②
問2　③

40　寛永十二年禁令・寛永十六年禁令

［この史料の出典は？］
　史料Aの『教令類纂』は，旗本で教養の高かった先手頭宮崎成身が職務の余暇に編集した法令集で，初集はほぼ慶長期（1596～1615）～1715（正徳5）年，二集は1716（享保元）～1786（天明6）年の幕府法令を集め，1829（文政12）年に完成した。
　史料Bの『御当家令条』は，近世の私撰の法令集である。1711（正徳元）年，藤原親長の序文があり，彼が編纂者と目される。1597（慶長2）年9月から1696（元禄9）年10月まで100年間の，おもに江戸幕府の法令約600通を収めている。成立は1711年とも考えられるが，1696年から1700年のあいだという説もある。ここでの引用は，幕府が1643（寛永20）年に出したとされる法令の一部で，農民に倹約を教えるためのものであった。

［演習］
(1)　(ア)禁教令　(イ)スペイン
(2)　B
(3)　C

〈教科書に見る解法へのヒント〉
　しかし，キリスト教の布教がスペイン・ポルトガルの侵略をまねく恐れを強く感じ，また信徒が信仰のために団結することも考えられたので，1612（慶長17）年，直轄領に禁教令を出し，翌年これを全国におよぼして信者に改宗を強制した。
（詳説日本史175頁15行目～175頁19行目）
　そのため，1616（元和2）年には中国船を除く外国船の寄港地を平戸と長崎に制限し，1624（寛永元）年にはスペイン船の来航を禁じた。ついで1633（寛永10）年には，奉書船以外の日本船の海外渡航を禁止し，1635（寛永12）年には，日本人の海外渡航と在外日本人の帰国を禁止し，九州各地に寄港していた中国船を長崎に限った。
（詳説日本史179頁4～8行目）
　幕府は1639（寛永16）年にポルトガル船の来航を禁止し，1641（寛永18）年には平戸のオランダ商館を長崎の出島に移し，オランダ人と日本人との自由な交流も禁じて，長崎奉行がきびしく監視することになった。（詳説日本史179頁9～12行目）

［考察］
　日本では禁止となっているキリスト教を，それとは知りながら広めようとする者が今でも密航して来ること。

＊＊＊＊＊ センター試験にチャレンジ ＊＊＊＊＊
③

41　寛永十九年の農村法令・田畑永代売買の禁止令

［この史料の出典は？］
　史料Aの『御当家令条』については「40　寛永十二年禁令・寛永十六年禁令」参照。
　史料Bの『御触書寛保集成』については「37　武家諸法度（元和令）」参照。この史料は，1643（寛永20）年に出された「田畑永代売買の禁止令」である。しかし，実際には，質流れなどで，田畑は百姓の手から離れてしまうことも多かった。

［演習］
麻布・木綿

［考察］
　百姓が，貨幣経済に巻き込まれないようにするため。
（解答例）

〈教科書に見る解法へのヒント〉
　幕府は百姓の小経営をできるだけ安定させ，一方で貨幣経済にあまり巻き込まれないようにし，年貢・諸役の徴収を確実にしようとした。このため，1643（寛永20）年に田畑永代売買の禁止令，1673（延宝元）年には分割相続による田畑の細分化を防ぐために分地制限令を出した。また，たばこ・木綿・菜種などの商品作物を自由に栽培することを禁じたりした（田畑勝手作りの禁）。そして，1641～42（寛永18～19）年の寛永の飢饉のあと村々へ出された法令にみられるように，日常の労働や暮らしにまで細ごまと指示を加えている。

（詳説日本史189頁5〜11行目）

***** センター試験にチャレンジ *****
③

42 武家諸法度（天和令）

この史料の出典は？

『御触書寛保集成』については「37　武家諸法度（元和令）」参照。

演習

問1　③
問2　忠孝に励み，礼儀を正すこと（忠孝を励し，礼儀を正すべき事）

考察

由井正雪の乱（慶安の変）にみられるように，改易により多くの牢人の発生が社会問題となってきたため。（解答例）

〈教科書に見る解法へのヒント〉
　平和が続く中で重要な政治課題となったのは，戦乱を待望する牢人や，秩序におさまらない「かぶき者」の対策であった。まず1651（慶安4）年7月に兵学者由井（比）正雪の乱（慶安の変）がおこると，幕府は大名の末期養子の禁止を緩和し，牢人の増加を防ぐ一方，江戸に住む牢人とともにかぶき者の取締りを強化した。
（詳説日本史198頁10〜14行目）

***** センター試験にチャレンジ *****
②

43 上げ米の令

この史料の出典は？

『御触書寛保集成』については「37　武家諸法度（元和令）」参照。

演習

問1　(1)紀伊
　　　(2)①田安家　②一橋家
　　　(3)三卿
問2　参勤交代で江戸にいる期間が半年に減らされた。

〈教科書に見る解法へのヒント〉
　大名から石高1万石について100石を臨時に上納させる上げ米を実施し，そのかわりに参勤交代の負担をゆるめた。
（詳説日本史219頁1〜3行目）
　1722〜30（享保7〜15）年に9年間実施。この間，参勤交代の在府期間は半減された。上げ米は年18万7000石におよび，これは幕府の年貢収入の1割以上に相当した。（詳説日本史219頁註②）

考察

年貢収入に対して，旗本や御家人への切米や扶持米の支出が多く，このままでは解雇せざるを得なくなってしまうから。（解答例）

***** センター試験にチャレンジ *****
③

44 身分社会への批判

この史料の出典は？

『自然真営道』は，18世紀中頃，八戸の医師である安藤昌益によって著された書物である。自然界の法則性を明らかにし，それに基づいて人の心身を健全にし，著書の中にある万人直耕の「自然世」という理想的な社会を実現すべきことを説いている。また社会批判，特に江戸時代における封建的な身分制度を全面的に否定し，徹底的な平等主義を主張している。

演習

問1　②
問2　すべての人間が土地を耕作し生活する社会のこと。（解答例）

〈教科書に見る解法へのヒント〉
　18世紀半ばになると封建社会を根本から批判し，それを改めようとする意見が現われてきた。とくに，奥州八戸の医者安藤昌益は『自然真営道』を著して，万人がみずから耕作して生活する自然の世を理想とし，武士が農民から搾取する社会や身分社会を鋭く批判した。
（詳説日本史227頁10〜16行目）

考察

武士は支配身分であり，さまざまな特権を得ていた。

そのほかは被支配身分であり，農業や漁業などに従事した百姓，手工業に従事する職人，商業などに従事する都市の家持町人が存在した。（解答例）

〈教科書に見る解法へのヒント〉
　幕藩体制において，武士は，政治や軍事，さらには学問・知識を独占し，苗字・帯刀のほかさまざまな特権をもつ支配身分である。……
　一方，社会の大半を占める被支配身分は，農業を中心に林業・漁業など小規模な経営（小経営）に従事する百姓，多様な種類の手工業に従事する職人，商業や金融，さらには流通・運輸を担う商人を中心とする都市の家持町人の三つをおもなものとした。以上のような社会の秩序を「士農工商」と呼ぶこともある。
　　　　　　　　（詳説日本史185頁9行目～186頁2行目）

＊＊＊＊＊ センター試験にチャレンジ ＊＊＊＊＊
②

45　川柳——『誹風柳多留』

この史料の出典は？
　『誹風柳多留』は167編あるが，第1編の発行は1765（明和2）年。創始者は柄井川柳と呉陵軒可有。柄井川柳が前句附興行の「万句合」で選んだ句の中から，呉陵軒可有が掲載作を選考した。柄井川柳は24編まで編集に携わっているが，この24編までの評価が高い。史料に掲載した句のほかに，「本降りになって出ていく雨宿り」「これ小判たった一晩ゐてくれろ」「寝ていても団扇のうごく親心」などがある。

演習
　句：①　政策：上知令
考察
　日本橋

＊＊＊＊＊ センター試験にチャレンジ ＊＊＊＊＊
②

46　海防論

この史料の出典は？
　『海国兵談』は江戸時代後期に林子平が著した全16巻からなる兵書。1777（安永6）年起稿，86（天明6）年脱稿，88（天明8）年より91（寛政3）年にかけて自費刊行した。当時，ロシアが千島や蝦夷地に南進したことへの危機感を背景に，おもに対外戦の備えを論じており，海国である日本は海戦を重視し，大船の建造，大砲の備えの必要性を説いた。1791年末，みだりに国防を論じた罪で幕府に召喚され，翌92年5月に蟄居処分となり，板木は没収された。1792年のロシア使節ラクスマンの根室来航を機に，本書は広く伝写され，海防の論議が高まるとともに，尊王攘夷運動にも影響を与えた。

演習
問1　鎖国
問2 (1)①安房・相模の港　②大砲
　　(2)江戸湾入口の両岸に大砲の備えがなければ，江戸を守ることができないから。

考察
　欧米の市民革命，ロシアのシベリア方面開発，アメリカの太平洋進出などの世界情勢の変化や造船・航海技術の進歩により日本近海にロシア・イギリス・アメリカの船が頻繁に接近し始めた。（解答例）

〈教科書に見る解法へのヒント〉
　17世紀中頃にイギリス革命が，18世紀後半にはアメリカ独立革命，つづいてフランス革命がおこった。また，ロシアはシベリア開発に意欲をもち始め，19世紀になるとアメリカも西部開拓を進めて太平洋に進出するなど，世界情勢は大きく近代に向けて胎動していた。このような情勢の中でロシア船やイギリス船・アメリカ船が日本近海に現われ，幕府は外交政策の変更をせまられる重要な時期を迎えた。
　　　　　　　　（詳説日本史231頁9行目～232頁4行目）

＊＊＊＊＊ センター試験にチャレンジ ＊＊＊＊＊
問1　①
問2　④

47　寛政の改革への風刺

この史料の出典は？
　江戸時代中期に現れた狂歌は，川柳とともに，機知に富んだ表現で世相や政治を風刺し，庶民の人気を集めた。史料に取り上げた狂歌もその一つである。Aは，松平定信が，旗本や御家人に文武を奨励したことについて，蚊の飛ぶ音と掛け合わせてうるさいと批判して

いる。Bは，魚が，白河の清流はすみづらく，水の濁った田や沼のほうを恋しがっていると，白河藩の藩主だった定信による寛政の改革の厳しさと田沼時代の自由さとを掛け合わせている。Aの狂歌は，幕臣であり戯作者でもあった大田南畝の作という説もある。

演習
問1　棄捐令
問2　朱子学

考察
①松平定信　②統制の厳しい定信の政治が息苦しく，田沼時代が恋しかった。（解答例）

> **〈教科書に見る解法へのヒント〉**
> 民間に対してはきびしい出版統制令を出して，政治への風刺や批判をおさえ，風俗の刷新もはかった。林子平が『三国通覧図説』や『海国兵談』で海岸防備を説いたことを幕政への批判とみて弾圧し，黄表紙や洒落本が風俗を乱すとして出版を禁じたり，その出版元を処罰した。農村でも芝居を禁じるなど風俗取締りが命じられた。
> 寛政の改革は，一時的に幕政を引き締め，幕府の権威を高めるかにみえたが，きびしい統制や倹約令は民衆の反発をまねいた。
> 　　　　（詳説日本史233頁17行目〜234頁6行目）
> 洒落本作者の山東京伝，黄表紙作者の恋川春町，出版元の蔦屋重三郎らが弾圧された。
> 　　　　　　　　　　（詳説日本史234頁註①）

＊＊＊＊＊ センター試験にチャレンジ ＊＊＊＊＊
問1　④
問2　②
問3　②

48　異国船打払令（無二念打払令）

この史料の出典は？
『御触書天保集成』については「37　武家諸法度（元和令）」参照。

演習
問1　フェートン号事件
問2　オランダ

考察
清国がイギリスとアヘン戦争を戦い，劣勢になった情報は，幕府に大きな衝撃を与え，欧米諸国に対して強硬策をとることは危険と判断したから。（解答例）

> **〈教科書に見る解法へのヒント〉**
> 18世紀後半，イギリスで最初の産業革命が始まり，工業化の波はさらにヨーロッパ各国やアメリカにおよんだ。巨大な工業生産力と軍事力を備えるに至った欧米諸国は，国外市場や原料供給地を求めて，競って植民地獲得に乗り出し，とくにアジアへの進出を本格化させた。
> 清国がアヘン戦争でイギリスに敗れて南京条約を結び，香港を割譲し，開国を余儀なくされた。清国の劣勢が日本に伝わると，幕府は1842（天保13）年，異国船打払令を緩和していわゆる天保の薪水給与令を出し，漂着した外国船には薪や水・食料を与えることにした。
> 　　　　（詳説日本史250頁4〜13行目）

＊＊＊＊＊ センター試験にチャレンジ ＊＊＊＊＊
②

49　人返しの法

この史料の出典は？
この史料の出典は，幕府の代官であった荒井顕道（あきみち）が編集した『牧民金鑑』である。これは，幕府から出された地方支配のための法令をまとめたもので，幕府の地方支配の実態を知るうえで貴重な史料である。

人返しの法は，村役人に宛てて出されたもので，江戸へ出た百姓を農村に呼び戻す責を負ったのは村役人であった。略されているが，この法令の末尾に「右に述べた法令の趣旨を村役人たちは十分理解し，農業を発展させるという趣旨を農民に心を込めて説明し，農村の人口が減らないように力の限り努力しなさい」と書かれている。

演習
問1　天保の改革
問2　妻子などもなく，一年契約の奉公人と同様に一時的に江戸に出て住んでいる者。

考察
すでに耕す土地を失った百姓にとって，たとえ農村に戻っても農業で安定した生活ができるわけではないので，この法令のねらい通りに農村を再建することはできなかったのではないか。（解答例）

第Ⅳ部　近代・現代

※※※※※ センター試験にチャレンジ ※※※※※
④

50　株仲間の解散

この史料の出典は？
『天保法制』は，天保改革期を中心に幕府の法令をまとめたもので，全2冊からなる。

演 習
問1　冥加（金）
問2　物価の高騰
問3　在郷商人ら株仲間以外の商人が自由な取引を活発におこなうこと。（解答例）

考 察
　物価騰貴の原因は，在郷商人や内海船のような新興の廻船業者らの活動が活発化したことにより，大坂を介して江戸へ物資が流通する従来の基本ルートが壊されて商品量が減少したためであり，株仲間の解散はかえって混乱をまねき，より流通量が減少してしまった。（解答例）

〈教科書に見る解法へのヒント〉
　しかし物価騰貴の実際の原因は，生産地から上方市場への商品の流通量が減少して生じたもので，株仲間の解散はかえって江戸への商品輸送量を乏しくすることになり，逆効果となった。
　　　　　　　　（詳説日本史239頁18〜20行目）
　生産地から上方市場に商品が届く前に，下関や瀬戸内海の他の場所で内海船（尾州廻船）などにより，商品が売買されてしまうことがあった。商品流通の基本ルートがこわされ，機能しなくなり始めていたのである。そのため10年後の1851（嘉永4）年に株仲間再興が許された。
　　　　　　　　　　（詳説日本史239頁註④）

※※※※※ センター試験にチャレンジ ※※※※※
問1　④
問2　①

51　貿易論

この史料の出典は？
　本多利明が寛政年間（1789〜1801）に著した書物で，上・下巻，補遺，後篇からなる。『経世秘策』とは，国を経営し富ますための秘訣となる政策という意味で，具体的な政策理念を「自然治道」と呼び，火薬の平和利用，鉱山開発，船舶振興による交易，蝦夷地を中心とする属島開発を「四大急務」とする重商主義政策であった。

演 習
外国への航海および海運による交易

考 察
　幕府や諸藩の財政難は，農民に転嫁され，年貢増徴・新税賦課など負担の増加となった。その結果，農民たちは実力行使により抵抗し，百姓一揆や打ちこわしが各地で多発した。（解答例）

〈教科書に見る解法へのヒント〉
　17世紀末になると，広い地域にわたる大規模な惣百姓一揆も各地でみられるようになった。一揆に参加した百姓らは，年貢の増徴や新税の停止，専売制の撤廃などを要求し，藩の政策に協力する商人や村役人の家を打ちこわすなどの実力行動にも出た。
　幕府や諸藩は一揆の要求を一部認めることもあったが，多くは武力で鎮圧し，一揆の指導者を厳罰に処した。しかし，きびしい弾圧にも関わらず，百姓一揆は増加し続け，凶作や飢饉の時には，各地で同時に多発した。……
　1782（天明2）年の冷害から始まった飢饉は，翌年の浅間山の大噴火を経て数年におよぶ大飢饉となり，東北地方を中心に多数の餓死者を出した（天明の飢饉）。このため全国で数多くの百姓一揆がおこり，江戸や大坂をはじめ各地の都市では激しい打ちこわしが発生した。
　　　　　　（詳説日本史222頁9行目〜223頁14行目）

※※※※※ センター試験にチャレンジ ※※※※※
問1　①
問2　④

52　オランダ国王の開国勧告

この史料の出典は？
　『通航一覧続輯』は，1825（文政8）年の異国船打払令の公布をもって終えた『通航一覧』に続いて，文政期から1856（安政3）年までの外交交渉に関する記録を収録した，幕府編纂によるもの。高校の日本史では，

この「オランダ国王の開国勧告」と「天保の薪水給与令」がよく用いられる。

演習
問1　鎖国
問2　徳川家光
問3　蒸気船の発明

考察
欧米諸国は国外市場を求めてアジアの植民地獲得を進めており，日本も紛争に巻き込まれることが予想された。（解答例）

〈教科書に見る解法へのヒント〉
18世紀後半，イギリスで最初の産業革命が始まり，工業化の波はさらにヨーロッパ各国やアメリカにおよんだ。巨大な工業生産力と軍事力を備えるに至った欧米諸国は，国外市場や原料供給地を求めて，競って植民地獲得に乗り出し，とくにアジアへの進出を本格化させた。
（詳説日本史250頁4～7行目）

＊＊＊＊＊センター試験にチャレンジ＊＊＊＊＊
問1　④
問2　④

53　日米修好通商条約

この史料の出典は？
『大日本古文書』は，東京大学史料編纂所が編纂している日本史の古文書集であり，編年文書・家わけ文書・幕末外国関係文書の3種類で構成されている。幕末外国関係文書は，外務省の幕末外交文書編纂事業を引き継いだもので，ペリー来航以降の外交関係をめぐる，近代日本黎明期の史料を収めている。

演習
問1　自由貿易の実施
問2　関税自主権が欠如しており，相互で協定して決定する。（解答例）
問3　アメリカの領事裁判権（治外法権）の承認

〈教科書に見る解法へのヒント〉
この条約には，(1)神奈川・長崎・新潟・兵庫の開港と江戸・大坂の開市，(2)通商は自由貿易とすること，(3)開港場に居留地を設け，一般外国人の国内旅行を禁じることなどが定めてあった。さらに，(4)日本に滞在する自国民への領事裁判権を認め（治外法権），(5)関税についても日本に税率の決定権がなく，相互で協定して決める協定関税（関税自主権の欠如）を定めた不平等条約であった。
（詳説日本史252頁16行目～253頁11行目）

考察
問1　朝廷に報告をおこない，諸大名や幕臣に意見を述べさせた。（解答例）
問2　朝廷の権威が高まり，諸大名の発言力が強まることとなり，幕府の権威が相対的に低下したから。（解答例）

〈教科書に見る解法へのヒント〉
老中首座阿部正弘は，それまでの方針をかえて朝廷への報告をおこない，諸大名や幕臣にも意見を述べさせて，挙国的に対策を立てようとした。しかし，この措置は朝廷の権威を高め，諸大名の発言力を強めるもので，幕政を転換させる契機となった。（詳説日本史251頁24行目～252頁3行目）
越前藩主松平慶永・薩摩藩主島津斉彬・宇和島藩主伊達宗城らの協力を得た。
（詳説日本史252頁註①）
ハリスから通商条約の締結をせまられていた頃，幕府では13代将軍徳川家定に子がなく，将軍継嗣問題がおこった。越前藩主松平慶永（春嶽）・薩摩藩主島津斉彬らは，賢明な人物を求めて一橋家の慶喜（斉昭の子）を推し（一橋派），血統の近い幼年の紀伊藩主徳川慶福を推す譜代大名ら（南紀派）と対立した。（詳説日本史254頁13～17行目）

＊＊＊＊＊センター試験にチャレンジ＊＊＊＊＊
④

54　王政復古の大号令

この史料の出典は？
『明治天皇紀』は明治天皇の編年体の記録で，明治天皇や幕末～明治期の研究をする際の基本史料である。高校の日本史では，王政復古の大号令や五箇条の誓文などで使用される。

演習
問1　大政奉還
問2　ペリー来航

問3　総裁・議定・参与
考察
　内大臣という高い官職と，ほかの諸侯を圧倒する大きさの領地を背景に，雄藩連合政権の中で影響力を発揮しようと考えていた。（解答例）

〈教科書に見る解法へのヒント〉
　（土佐藩の大政奉還論は）将軍からいったん政権を朝廷に返させ，朝廷のもとに徳川主導の諸藩の連合政権を樹立するという構想であった。
　　　　　　　　　　　　　（詳説日本史258頁註①）
　大政奉還の上表で機先を制せられた倒幕派は，12月9日，薩摩藩などの武力を背景に朝廷でクーデタを決行し，王政復古の大号令を発して，天皇を中心とする新政府を樹立した。
　　　　　　　（詳説日本史258頁27行目〜259頁4行目）

＊＊＊＊＊センター試験にチャレンジ＊＊＊＊＊
　③

55　五箇条の誓文

この史料の出典は？
　『明治天皇紀』については「54　王政復古の大号令」参照。

演習
　攘夷をやめ，海外から知識を学ぶ。（解答例）

考察
　諸外国に公表した「誓文」は開明的な内容であるが，民衆に示された「掲示」はきわめて守旧的である。（解答例）

〈教科書に見る解法へのヒント〉
　一方で政府は，五箇条の誓文公布の翌日，全国の民衆に向けて五榜の掲示を掲げた。それは君臣・父子・夫婦間の儒教的道徳を説き，徒党・強訴やキリスト教を改めて厳禁するなど，旧幕府の対民衆政策をそのまま引き継いでいた。
　　　　　　　　　　　（詳説日本史262頁2〜5行目）

＊＊＊＊＊センター試験にチャレンジ＊＊＊＊＊
　④

56　徴兵告諭

この史料の出典は？
　『法令全書』は，1868（明治元）年以降の『官報』掲載の法令を月別に分類・整理したもので，内閣官報局が編纂している。高校の日本史では徴兵告諭や被仰出書などで使用される。

演習
問1　代々仕事もせずに生活してきた武士
問2　西洋人はこれを血税と呼んでいる。

考察
　実際に兵役についたのは農家の次男以下であり，農村では働き手を奪われ，新たな負担が増えたことに対して不満があったから。（解答例）

〈教科書に見る解法へのヒント〉
　一方，1873（明治6）年には，徴兵制度や学制にもとづく小学校の設置による負担の増加をきらって，多くの農民が一揆をおこし（血税一揆），さらに1876（明治9）年になると，低米価のもとで過去の高米価も含めて平均した地価を基準に地租を定めることに反発する大規模な農民一揆が発生した（地租改正反対一揆）。
　　　　　　　　　　　（詳説日本史275頁16〜24行目）

＊＊＊＊＊センター試験にチャレンジ＊＊＊＊＊
　③

57　学事奨励に関する太政官布告──被仰出書

この史料の出典は？
　『法令全書』については「56　徴兵告諭」参照。

演習
問1　一般の人民は華族も士族も，農工商および女性も，必ず村のすべての家庭が学校へ通わせ，家族のすべてが学校に通うこととしたい。
問2　父兄

考察
　おこないを正し，知識を広め，才能や技芸を磨き，生活を安定させ，財産を増やし，事業を盛んにさせるため。（解答例）

〈教科書に見る解法へのヒント〉
　政府は，国民各自が身を立て，智を開き，産をつくるための学問という功利主義的な教育観をとなえて，小学校教育の普及に力を入れ，男女に等しく学ばせる国民皆学教育の建設をめざした。
（詳説日本史270頁9〜14行目）

＊＊＊＊＊ センター試験にチャレンジ ＊＊＊＊＊
①

58　民撰議院設立の建白

この史料の出典は？

　『日新真事誌』は，イギリス人のブラックによって創刊された新聞である。ブラックは治外法権に守られ，『日新真事誌』に日本政府の政策を批判する意見書を掲載するなど，自由な言論活動をおこなっていた。1872（明治5）年に左院の情報を独占的に掲載する「左院御用」としての立場を得たが，民撰議院設立の建白を掲載したことで政府有力者から問題視され，1875年に「左院御雇い」となって，新聞の所有権を日本人に譲るように求められた。なお，高校の日本史では『日新真事誌』は民撰議院設立の建白で引用されることがほとんどである。

演習
問1　(a)　②・③
　　 (b)　①・④
問2　上級の役人の権限を制限し，民撰議院を設立して，天下の世論を盛んにすること。（解答例）

〈教科書に見る解法へのヒント〉
　板垣退助・後藤象二郎らは，愛国公党を設立するとともに，イギリス帰りの知識人の力を借りて作成した民撰議院設立の建白書を左院に提出し，政府官僚の専断（有司専制）の弊害を批判して天下の公論にもとづく政治をおこなうための国会の設立を求めた。　　（詳説日本史274頁23〜26行目）

考察
　地主や都市の商工業者，府県会議員など，政府に税を納めている者。（解答例）

〈教科書に見る解法へのヒント〉
　1878（明治11）年に，解散状態にあった愛国社の再興大会が大阪で開かれた頃から，運動は士族だけではなく，地主や都市の商工業者，府県会議員などのあいだにも広まっていった。
（詳説日本史277頁5〜7行目）

＊＊＊＊＊ センター試験にチャレンジ ＊＊＊＊＊
⑥

59　保安条例

この史料の出典は？

　『官報』は，国の詔勅・賞勲・叙任・勅令・軍令・達・告示などを公布するため，1883（明治16）年7月に創刊された政府機関紙。太政官文書局が編集し，政治的色彩をなくして，法令の公布機関に徹した。

演習
問1　警視総監または地方長官
問2　地租の軽減，言論・集会の自由，外交失策の回復（対等条約の締結）

考察
　3年後の1890年は，「国会開設の勅諭」で国会開設を公約した期限であり，一定の期間・範囲で政府に対する批判を封じようとしたため。（解答例）

〈教科書に見る解法へのヒント〉
　国会開設の時期が近づくと，民権派のあいだで運動の再結集がはかられた。1887（明治20）年に，板垣退助にかわって同じく高知の後藤象二郎が大同団結をとなえ，井上馨外相の条約改正交渉の失敗を機に三大事件建白運動がおこった。同年末に政府が保安条例を公布して多くの在京の民権派を東京から追放したあとも，運動は東北地方を中心に継続し，1889（明治22）年の憲法発布によって政党再建に向かっていった。
（詳説日本史282頁1〜6行目）

＊＊＊＊＊ センター試験にチャレンジ ＊＊＊＊＊
①

60 大日本帝国憲法

演習

問1　帝国議会閉会中に勅令を出す。

問2　陸海軍を指揮・統率する。陸海軍の編制や軍事費を決定する。

問3　法律の範囲内で，言論・出版・集会・結社の自由をもつ。

〈教科書に見る解法へのヒント〉
　神聖不可侵とされた天皇は統治権のすべてを握る総攬者であり，文武官の任免，陸海軍の統帥（作戦・用兵など），宣戦・講和や条約の締結など，議会の関与できない大きな権限をもっていた（天皇大権）。また，このうち陸海軍の統帥権は，内閣からも独立して天皇に直属していた（統帥権の独立）。　　　　（詳説日本史284頁7～12行目）
　憲法上「臣民」と呼ばれた日本国民は，法律の範囲内で所有権の不可侵，信教の自由，言論・出版・集会・結社の自由を認められ，帝国議会での予算案・法律案の審議を通じて国政に参与する道も開かれた。
　　　　（詳説日本史284頁23行目～285頁2行目）

考察

問　この文言があることで，天皇であっても憲法に従うべきことが明確になった。もしもこの文言がなければ，天皇は憲法に制限されず，より大きな権力をもつことになる。（解答例）

〈教科書に見る解法へのヒント〉
　天皇機関説はそれまで明治憲法体制を支えてきたいわば正統学説であった……
　　　　　　　（詳説日本史350頁10～11行目）
　美濃部のいわゆる天皇機関説は，統治権の主体を法人としての国家に帰属させ，天皇は国家の最高機関として憲法に従って統治権を行使すると説明するもの……　（詳説日本史350頁註②）

＊＊＊＊＊センター試験にチャレンジ＊＊＊＊＊
②

61 民法

演習

問1　家族の居住地の決定権，家族の結婚や養子縁組の決定権

問2　A

〈教科書に見る解法へのヒント〉
　こうしてできた新民法は，戸主の家族員に対する絶大な支配権（戸主権）や家督相続制度など，家父長制的な家の制度を存続させるものとなった。
　　　　　（詳説日本史286頁1～3行目）

考察

条約改正を実現するためには，日本が法治国家であることを列強から認められる必要があったため。（解答例）

〈教科書に見る解法へのヒント〉
　その後も，条約改正のためもあって，民法と商法の編纂を急ぎ，1890（明治23）年には，民法・商法，民事・刑事訴訟法が公布され，法治国家としての体裁が整えられた。
　　　　　（詳説日本史285頁9～11行目）

＊＊＊＊＊センター試験にチャレンジ＊＊＊＊＊
①

62 福沢諭吉の「脱亜論」

この史料の出典は？

1885（明治18）年3月16日に，新聞『時事新報』に掲載された社説である。この『時事新報』は福沢諭吉が主筆をつとめた新聞で，1882年に創刊された。日本のアジア侵略の根拠の一つとみられる向きもあるが，福沢は日本と清国・朝鮮がともに近代化を図り，欧米列強の侵略に対抗するという考えを抱き，これらの国々の留学生への援助を惜しまなかった。そんな福沢の史料にあるような心境の変化は，前後の日本と東アジア情勢が影響をおよぼしていることも読み取りたい。

演習

問1　清国・朝鮮

問2　清国と朝鮮が結びついて近代化が進まないから。

（解答例）

〈教科書に見る解法へのヒント〉
　2回の事変を経て，日本の朝鮮に対する影響が著しく減退する一方，清国の朝鮮進出は強化された。同時に清国・朝鮮に対する日本の世論は急速に険悪化した。　（詳説日本史289頁7〜10行目）

考察
欧米列強のように武力を背景とした進出。（解答例）

〈教科書に見る解法へのヒント〉
　こうした中で，福沢諭吉が「脱亜論」(1885〈明治18〉年)を発表した。それはアジアの連帯を否定し，日本がアジアを脱して欧米列強の一員となるべきこと，清国・朝鮮に対しては武力をもって対処すべきことを主張するもので，軍事的対決の気運を高めた。　（詳説日本史289頁11〜16行目）

＊＊＊＊＊ センター試験にチャレンジ ＊＊＊＊＊

問1　④
問2　①

63　第三次桂内閣初閣議での桂の発言

この史料の出典は？
『桂太郎関係文書』は，桂太郎に関するさまざまな史料を集めたもので，山県有朋をはじめ，井上馨・伊藤博文・西園寺公望らから桂宛ての書簡のほか，桂の自伝稿やその参考資料，立憲同志会関係書類，覚書，桂の葬儀関係文書などからなっている。

演習
問1　帝国憲法第55条に「国務各大臣ハ天皇ヲ輔弼シ其ノ責ニ任ス…」とあり，国務大臣は担当する任務に関して天皇に直接責任を負う。（解答例）
問2　明治維新に功績のあった薩摩・長州出身の政治家。
問3　一面では，元勲に責任がおよぶ弊害が生じ，もう一面では，閣僚としてのみずからの責任に無自覚な者がいる。

考察
問1　前例のない組閣を，詔勅の濫発によって強引に実現したこと。（解答例）

〈教科書に見る解法へのヒント〉
　元老会議は桂を後継首相としたが，内大臣兼侍従長である人物が首相となるのは宮中と政府(府中)の境界を乱すとの非難の声がただちに上がった。　（詳説日本史318頁18〜19行目）

問2　立憲同志会

〈教科書に見る解法へのヒント〉
　桂は非政友会系の新党組織をはかり，従来の元老政治からの脱却を掲げて内閣を維持しようとしたが，立憲政友会と立憲国民党が内閣不信任案を議会に提出し，それを支持する民衆が議会を包囲したため，1913(大正2)年2月，内閣は在職50日余りで退陣した(大正政変)。
　　　　　　（詳説日本史319頁4〜11行目）
　立憲国民党の離党者も加わり，桂の死後の1913(大正2)年末，立憲同志会(総裁加藤高明)として結党をみた。　（詳説日本史319頁註①）

＊＊＊＊＊ センター試験にチャレンジ ＊＊＊＊＊
④

64　二十一カ条の要求

この史料の出典は？
『日本外交年表竝主要文書』は，外務省外交文書室が1955(昭和30)年に作成した，1854(安政元)年の開国から，1945年の終戦までのあいだの主要な外交文書を収録したものである。

演習
問1　第一次世界大戦において，日本は日英同盟を理由に連合国側に立ってドイツに宣戦布告したから。（解答例）
問2　ポーツマス条約

〈教科書に見る解法へのヒント〉
　日本に，ロシアから継承した旅順・大連，南満州鉄道の租借期限を99年間延長させることを認めたものであった。　（詳説日本史321頁註②）

考察
日本人の政治・財政・軍事顧問を雇い入れるという

内容に，中国からの反発や内外からの批判があったから。（解答例）

〈教科書に見る解法へのヒント〉
　加藤による外交には内外からの批判があり，大隈を首相に選んだ元老の山県も，野党政友会の総裁原敬に対して「訳のわからぬ無用の箇条まで羅列して請求したるは大失策」と述べて批判していた。　　　　　　　　（詳説日本史321頁7〜10行目）
　二十一カ条の各要求は，外務省や陸海軍において中国問題を扱っていた部署の意見の集大成といえるものであった。日本は中国に要求を飲ませるため海軍に艦隊を出動させる一方，陸軍に満州駐屯兵の交代を利用した圧力をかけさせたうえで最後通牒を発した。中国国民はこれに強く反発し，袁世凱政府が要求を受け入れた5月9日を国恥記念日とした。　　　　　　（詳説日本史321頁註①）

＊＊＊＊＊ センター試験にチャレンジ ＊＊＊＊＊
①

65　民本主義

この史料の出典は？
　民本主義は『中央公論』1916（大正5）年1月号に掲載された「憲法の本義を説いて其有終の美を済すの途を論ず」で発表された。『中央公論』の前身は1887（明治20）年に京都で刊行された『反省会雑誌』で，のちに東京に移り，1899年に改題された。社会評論や学術・思想・文芸などを充実させ，大正デモクラシーの論壇の中心となった。

演習
問1　民主主義・民衆主義・平民主義
問2　人物：徳富蘇峰　雑誌：『国民之友』
問3　治安警察法
問4　(c)民主主義　(d)民本主義

考察
　天皇主権の大日本帝国憲法と矛盾しない範囲内で，できる限り民衆の福利を追求できるように，民主主義の考え方から国民主権を除いた民本主義をとなえた。（解答例）

〈教科書に見る解法へのヒント〉
　民本主義はデモクラシーの訳語であるが，国民主権を意味する民主主義とは一線を画し，天皇主権を規定する明治憲法の枠内で民主主義の長所を採用するという主張で，美濃部達吉の天皇機関説とともに大正デモクラシーの理念となった。吉野は普通選挙制にもとづく政党内閣が，下層階級の経済的不平等を是正すべきであると論じた。
　　　　　　　　　　　　（詳説日本史324頁註①）

＊＊＊＊＊ センター試験にチャレンジ ＊＊＊＊＊
①

66　治安維持法

この史料の出典は？
『官報』については「59　保安条例」参照。

演習
問1　天皇を中心とした国のあり方。
問2　国体をくつがえすことを目的として結社を組織した者，または結社の役員そのほか指導者としての任務に従事した者。（解答例）
問3　最高刑を死刑とし，対象者を支持者にも拡大した。（解答例）

考察
　普通選挙法が成立すると，直接国税納入額による制限が撤廃され，有権者は一挙に増え，これまで選挙権を与えられなかった人々にも選挙権が与えられるため，社会主義の影響を受けた労働者階級が政治的に影響を強めると考えられた。（解答例）

〈教科書に見る解法へのヒント〉
　総辞職した清浦内閣にかわり，衆議院第一党の憲政会総裁の加藤高明が，3党の連立内閣を組織した。加藤は，明治憲法下において選挙結果によって首相となった唯一の例となった。加藤内閣は幣原外相による協調外交を基本とし，1925（大正14）年，いわゆる普通選挙法を成立させた。これにより満25歳以上の男性が衆議院議員の選挙権をもつことになり，有権者は一挙に4倍に増えた。
　一方で，この内閣のもとで，「国体」の変革や私有財産制度の否認を目的とする結社の組織者と参加者を処罰すると定めた治安維持法が成立した。制定当初の目的は，日ソ国交樹立（1925年）による共産主義思想の波及を防ぎ，普通選挙法の成立（1925年）による労働者階級の政治的影響力の増大

***** センター試験にチャレンジ *****
問1　①
問2　②

67　国家総動員法

この史料の出典は？

『官報』については「59　保安条例」参照。

演習
問1　戦時(戦争に準ずる事変も含める)にあたり，政府が必要であると認めたとき。(解答例)
問2　日中戦争の長期化が必至になり，戦争を遂行するために政府の裁量で経済・国民生活・労働・言論など広範な統制が必要となったから。(解答例)

考察
勅令として細目を決定できるので，議会の承認を得る必要がなく，政府が国民生活を全面的に統制下におくことができるから。(解答例)

〈教科書に見る解法へのヒント〉
　1938(昭和13)年4月には国家総動員法が制定され，政府は議会の承認なしに，戦争遂行に必要な物資や労働力を動員する権限を与えられ，国民生活を全面的統制下においた。
（詳説日本史355頁8行目〜12行目）
　戦時体制の形成にともなって，国体論にもとづく思想統制，社会主義・自由主義の思想に対する弾圧がいちだんときびしくなった。第1次近衛内閣は，1937(昭和12)年10月から国家主義・軍国主義を鼓吹し，節約・貯蓄など国民の戦争協力をうながすため，国民精神総動員運動を展開した。
（詳説日本史356頁21〜24行目）

***** センター試験にチャレンジ *****
問1　②
問2　②

68　ポツダム宣言

この史料の出典は？

『日本外交年表竝主要文書』については「64　二十一カ条の要求」参照。

演習
問1　アメリカ・イギリス・中華民国

〈教科書に見る解法へのヒント〉
　会談を契機に，アメリカは対日方針をイギリスに提案し，アメリカ・イギリスおよび中国の3交戦国の名で，日本軍への無条件降伏勧告と日本の戦後処理方針からなるポツダム宣言を発表した。
（詳説日本史367頁11行目〜368頁2行目）

問2　広島と長崎への原子爆弾の投下。

〈教科書に見る解法へのヒント〉
　ポツダム宣言に対して，「黙殺する」と評した日本政府の対応を拒絶と理解したアメリカは，人類史上はじめて製造した2発の原子爆弾を8月6日広島に，8月9日長崎に投下した。
（詳説日本史368頁3〜5行目）

考察
平和的で民主主義を重んじ，基本的人権を尊重する国。(解答例)

〈教科書に見る解法へのヒント〉
　日本はポツダム宣言にもとづいて連合国に占領されることになった。
（詳説日本史370頁7〜8行目）
　当初の占領目標は，非軍事化・民主化を通じて日本社会を改造し，アメリカや東アジア地域にとって日本がふたたび脅威となるのを防ぐことにおかれた。（詳説日本史370頁21行目〜371頁2行目）

***** センター試験にチャレンジ *****
②

69　日本国憲法

この史料の出典は？

「日本国憲法」は，1946(昭和21)年6月，大日本帝国憲法の改正という形で第1次吉田茂内閣が国会に提出した。1945年10月，GHQに憲法改正を指示された幣原喜重郎内閣は，国務大臣の松本烝治を委員長とする憲法問題調査委員会を設置して改正試案に着手した。

天皇の統治権を認める改正試案はGHQに拒否され，GHQは急きょ，みずから草案を作成した。GHQ草案は，そのまま新憲法になったのではなく，政府案の作成や冒頭の議会審議の過程で追加・修正がなされ，1946年11月3日公布，翌年5月3日から施行された。前文および本文11章103条からなり，主権在民・平和主義・国民の基本的人権の尊重の3原則を明らかにした。

演習

問1　日本国および日本国民統合の象徴。

〈教科書に見る解法へのヒント〉
新憲法は，主権在民・平和主義・基本的人権の尊重の3原則を明らかにした画期的なものであった。国民が直接選挙する国会を「国権の最高機関」とする一方，天皇は政治的権力をもたない「日本国民統合の象徴」となった（象徴天皇制）。
（詳説日本史375頁22行目〜376頁2行目）

問2　労働組合法

〈教科書に見る解法へのヒント〉
低賃金構造にもとづく国内市場の狭さを解消して対外侵略の基盤を除去する観点から，GHQの労働政策は労働基本権の確立と労働組合の結成支援に向けられた。まず，1945(昭和20)年12月には労働組合法が制定され，労働者の団結権・団体交渉権・争議権が保障された。さらに，翌年に労働関係調整法，1947(昭和22)年には8時間労働制などを規定した労働基準法が制定され(以上が労働三法)，労働省が設置された。
（詳説日本史373頁18〜23行目）

考察

大日本帝国憲法では国民の権利は法律の範囲内に制限されていたが，日本国憲法では侵すことのできない永久の権利とされた。（解答例）

〈教科書に見る解法へのヒント〉
一方，憲法上「臣民」と呼ばれた日本国民は，法律の範囲内で所有権の不可侵，信教の自由，言論・出版・集会・結社の自由を認められ，帝国議会での予算案・法律案の審議を通じて国政に参与する道も開かれた。

（詳説日本史284頁23行目〜285頁2行目）

＊＊＊＊＊センター試験にチャレンジ＊＊＊＊＊
問1　③
問2　②

70　サンフランシスコ平和条約

この史料の出典は？
『条約集』は外務省条約局(現，外務省国際法局)が，暦年ごとに当該年に発効した条約を日本語と外国語とで収録したものである。

演習

問1　(ア)朝鮮　(イ)台湾　(ウ)千島列島　(エ)樺太
問2　アメリカ

考察

日本を西側陣営に組み入れたいアメリカと，それに追随する日本の講和における方針を批判したため。（解答例）

〈教科書に見る解法へのヒント〉
朝鮮戦争で日本の戦略的価値を再認識したアメリカは，占領を終わらせて日本を西側陣営に早期に編入しようとする動きを加速させた。アメリカのダレス外交顧問らは対日講和からソ連などを除外し(単独講和)，講和後も日本に駐留することなどを条件に準備を進めた。
日本国内には，ソ連・中国を含む全交戦国との全面講和を主張する声もあったが，第3次吉田茂内閣は，独立・講和の時期をめぐる問題はアメリカ軍基地にあると考え，再軍備の負担を避けて経済復興に全力を注ぐためにも西側諸国のみとの講和によって独立を回復し，施設提供の見返りに独立後の安全保障をアメリカに依存する道を選択した。
（詳説日本史382頁15行目〜383頁2行目）

＊＊＊＊＊センター試験にチャレンジ＊＊＊＊＊
③

71　日米相互協力及び安全保障条約

この史料の出典は？
『条約集』については「70　サンフランシスコ平和条約」参照。

演習
問1　岸信介
問2　日本国の安全に寄与し，並びに極東における国際の平和及び安全の維持に寄与するため。

〈教科書に見る解法へのヒント〉
　平和条約の調印と同じ日，日米安全保障条約（安保条約）が調印され，独立後も日本国内にアメリカ軍が「極東の平和と安全」のために駐留を続け，日本の防衛に「寄与」することとされた。
（詳説日本史384頁2～4行目）

考察
問1　自国の平和と安全を危うくする共通の危険として，共同で行動する。（解答例）

〈教科書に見る解法へのヒント〉
　新条約ではアメリカの日本防衛義務が明文化され，さらに条約付属の文書で在日アメリカ軍の日本および「極東」での軍事行動に関する事前協議が定められた。
（詳説日本史389頁20行目～390頁1行目）

問2　岸信介内閣が「日米新時代」をとなえ，日米関係をより対等にすることを目指したから。（解答例）

〈教科書に見る解法へのヒント〉
　1957（昭和32）年に成立した岸信介内閣は，革新勢力と対決する一方，「日米新時代」をとなえ，安保条約を改定して日米関係をより対等にすることをめざした。（詳説日本史389頁12～14行目）

＊＊＊＊＊センター試験にチャレンジ＊＊＊＊＊
③

72　日韓基本条約

この史料の出典は？
『条約集』については「70　サンフランシスコ平和条約」参照。

演習
問1　1965年
問2　佐藤栄作
問3　条約：韓国併合条約　統治機関：朝鮮総督府

〈教科書に見る解法へのヒント〉
　佐藤栄作内閣は，……1965（昭和40）年に日韓基本条約を結んで，1910（明治43）年の韓国併合以前に締結された条約および協定の無効を確認し，……
（詳説日本史390頁23～26行目）

考察
問1　韓国：北朝鮮の存在を容認できないし，日本にも北朝鮮を容認してほしくない。（解答例）
　　　日本：北朝鮮が現実に存在する事実を否定できない。（解答例）

〈教科書に見る解法へのヒント〉
　朝鮮半島では，1948年，ソ連軍占領地域に朝鮮民主主義人民共和国（北朝鮮，首相金日成）が，アメリカ軍占領地域には大韓民国（韓国，大統領李承晩）が建国され，南北分断状態が固定化した。
（詳説日本史380頁4～6行目）

問2　1910年の韓国併合以前に締結された条約および協定の無効を確認し，韓国政府を朝鮮にある唯一の合法的な政府と認め，国交を樹立する。（解答例）

〈教科書に見る解法へのヒント〉
　韓国政府を「朝鮮にある唯一の合法的な政府」と認め，韓国との国交を樹立した。
（詳説日本史390頁26行目～391頁3行目）

＊＊＊＊＊センター試験にチャレンジ＊＊＊＊＊
問1　④
問2　③

73　日中共同声明

この史料の出典は？
『日本外交主要文書・年表』は外務省による『日本外交年表竝主要文書』の続編として鹿島平和研究所によって編纂された。現在までに4巻までが刊行されており，1941年から1992年までの外交文書が収録されている。

演習
問1　1972年
問2　田中角栄

問3　国家：アメリカ　元首：ニクソン

考察
　覇権とは覇者の権力を意味し，当時，中国が敵対したソ連を指す。中国はこの条項によりソ連を牽制しようとした。（解答例）

〈教科書に見る解法へのヒント〉
　1960年代には両陣営内で「多極化」が進み，……東側陣営内では中ソ対立が表面化し，中国は1964年に核実験を成功させ，1966年には「文化大革命」を開始した。
（詳説日本史386頁12〜18行目）

＊＊＊＊＊センター試験にチャレンジ＊＊＊＊＊
問1　③
問2　②
問3　④

本文デザイン　　岩崎　美紀

読み解く日本史—基本史料問題集—　解答・解説

2014年11月25日　第1版1刷発行
2018年 1月31日　第1版4刷発行

編　者	『読み解く日本史』編集委員会
発行者	野澤　伸平
印刷所	明和印刷株式会社
製本所	有限会社　穴口製本所
発行所	株式会社　山川出版社

〒101-0047　東京都千代田区内神田1-13-13
電話　03-3293-8131(営業)　03-3293-8135(編集)
https://www.yamakawa.co.jp/
振替口座　00120-9-43993

Ⓒ 2014 Printed in Japan　ISBN978-4-634-02342-0

● 造本には十分注意しておりますが，万一，落丁・乱丁などございましたら，小社営業部宛にお送りください。送料小社負担にてお取り替えいたします。
● 定価はカバーに表示してあります。